名师名校名校长

凝聚名师共识
团走名师关怀
打造名师品牌
培育名师群体

叶松明远影

新世纪英语教师教学主张之撷英集

黄英初中英语工作室的实践与探索

XINSHIJI YINGYU JIAOSHI JIAOXUE ZHUZHANG ZHI XIEYINGJI
HUANGYING CHUZHONG YINGYU GONGZUOSHI DE SHIJIAN YU TANSUO

黄 英／主编

东北师范大学出版社

长 春

图书在版编目（CIP）数据

新世纪英语教师教学主张之撷英集：黄英初中英语工作室的实践与探索 / 黄英主编. — 长春：东北师范大学出版社，2022.6

ISBN 978-7-5681-9135-7

Ⅰ.①新… Ⅱ.①黄… Ⅲ.①英语课—教学研究—初中 Ⅳ.①G633.412

中国版本图书馆CIP数据核字（2022）第107276号

□责任编辑：石　斌　　　　　　□封面设计：言之凿

□责任校对：刘彦妮　张小娅　　□责任印制：许　冰

东北师范大学出版社出版发行

长春净月经济开发区金宝街 118 号（邮政编码：130117）

电话：0431-84568023

网址：http：//www.nenup.com

北京言之凿文化发展有限公司设计部制版

北京政采印刷服务有限公司印装

北京市中关村科技园区通州园金桥科技产业基地环科中路 17 号（邮编：101102）

2022年6月第1版　　2022年9月第1次印刷

幅面尺寸：170mm×240mm　　印张：15.25　　字数：246 千

定价：58.00元

编 委 会

主 编：黄 英

编 委：（排名不分先后）

李　宇	彭桂湘	杨　柳	李登均	银　洁
刘　莎	王希平	盛　灿	肖　峥	林利纯
文姿波	彭博文	王　彦	柯兰香	杨李若兰
周　蓉	王萱麟	王　滋	周　婷	王相如
陈光鑫	李　焕	唐羽弘	荣　颖	熊林滔
唐青兰	王婀娜	杨翠竹	胡　沁	李　盼
刘卓琳	刘　怿	郭　燕	陈清秀	陈　荣
郑华阳	刘清洋	黄上芝	刘婷婷	钟实实
张　欢	胡　萍	陈　丹	龚　蕙	

目 录

第一章　得阅读者得天下

第二章　兴趣是最好的老师

第三章 细节决定成败

第四章 "行动"研究出真知

第五章　润物无声育人德

第一章

得阅读者得天下

ABC

核心素养视域下初中英语文学体验阅读教学研究

长沙县松雅湖中学　黄英

一、研究背景

（一）传统英语阅读教学已无法满足学生核心素养培养的需求

教育部在2014年4月发布的《关于全面深化课程改革　落实立德树人根本任务的意见》中提出了"核心素养"这一重要概念，要求着力推进研制与构建学生发展核心素养体系。其中，英语学科核心素养包括语言能力、文化品格、思维品质和学习能力四个方面。由于长期以来受到应试教育理念的影响，中学英语教学中传统的阅读课实际成了一种纯语言知识传授课，学生只能通过机械地学习词汇和句子达到掌握语言知识的目的，致使语言学习变得枯燥乏味。所以，学生的英语阅读水平很难得到真正提高，而阅读能力的强弱却影响着英语整体的听、说、读、写能力。同时，这种教学也无法实现培养学生文化品格和思维品质的目的，很难达成新时代要求的英语学科核心素养的培养目标。

但我们也发现，近年来，随着英语系列儿童小说（如"哈利·波特"系列、《夏洛的网》等）的盛行，一些青少年开始选择阅读文学作品，品味阅读文学作品所带来的乐趣，且人数呈逐年上升趋势。而在众多文学体裁中，英语儿童文学作品的语言文字难度相对较小，成为被外语学习者广为接受的一种文学形式，也渐渐被英语教师接纳，而且有少量被选用于中学英语课堂。

（二）目前中学英语教育缺少文学阅读

目前中学阶段采用的英语教材大都围绕语言结构、功能、话题、任务来设计编排，学生阅读的主要目的是寻找信息。这样的阅读取向直接导致学生功利性阅读的大行其道和英语文学经验的极度贫乏，难以实现阅读教学的宗旨。现在学生在课外进行的英语阅读普遍停留在"阅读教材文本"和"完成语篇填空或阅读理解"上；"话题阅读"和"英文报刊"阅读倒是有一些学生在学校要求之下开始涉及，但局限于少数人，而且几乎没有长期坚持者。而作为具有不可替代之价值的"简易英文名著"阅读也只有极少数学生处于起步尝试阶段。学生如果没有自觉性或形成一定的习惯，就谈不上坚持，也谈不上会有效果了。有调查显示，由于教学进度、应试训练等因素，我国中学英语教育基本不涉及文学阅读，也就是说，英语文学教育几乎是一片空白，对文学阅读真正感兴趣的学生凤毛麟角，阅读量更是少得可怜。

（三）英语新课程标准对英语阅读提出明确的文化诉求

在新课改背景下，我国英语教育中的文学诉求早在2003年的《普通高中英语课程标准（实验）》中就有体现：社会历史、地理特征、风土人情、社会行为规范和价值观念等都蕴含着英语国家的文化。课标要求学生根据自身学情适当地补充此类知识，以促进英语语言的学习，并形成当今社会必备的跨文化交际能力。《义务教育英语课程标准（2011年版）》要求初中生体验中外文化的异同，并发展跨文化意识和能力。我们都知道，语言是文化的产物，而文学则是艺术化的语言，也是语言学习的最高境界。文学体验阅读强调学生在阅读过程中的自主体验，获得独特的文化理解以及语言感觉。英语文学阅读是发展英语语言能力的重要途径，可帮助学生强化批判思维、创新思维等思维能力，从而真正提高学生的英语能力和核心素养。

综上所述，在初中英语阅读教学中开展文学体验阅读很有必要，既符合新时代的要求，又符合人才培养的目标。因此，我们选择"核心素养视域下初中英语文学体验阅读教学研究"作为研究课题。

二、选题意义

（一）理论意义

文学体验阅读将创新英语阅读教学方式，丰富英语教学内容，在理论上具有一定的指导意义。首先，文学体验阅读强调学生在阅读过程中的自主体验，通过导读、自主阅读、持续阅读的体验阅读方式，让学生不断克服字词理解障碍，从而获得独特的文化理解以及语言感知和体验，真正提高学生的英语能力和核心素养。本课题研究可以逐步改变教师过去以应试为目的的教学方法，使他们更新理念，抓住阅读的根本宗旨，回归阅读的本来目的。其次，文学体验阅读选取文学原著作为阅读材料，章节与章节之间联系紧密，人物、情节、思想铺展开来，丰富了学生的阅读内容，提升了学生的阅读兴趣。通过阅读英语文学作品，学生能体悟到社会的真实、生命的价值，自然也就会产生思想上的感悟、心灵上的触动、情感上的共鸣，从而能够拿文学内容来比对自己，进而助力其精神境界的升华。因此，本课题的研究将为教师的教育教学理念和学生的素养形成乃至终生发展提供一定的理论指导。

（二）实践意义

首先，文学阅读能激发学生的兴趣和积极性，具有乐学的意义；其次，文学阅读能形成情节记忆，使学生好像亲身经历了那些文中所述的各种事件，如此的心灵体验能促进学生听、说、读、写能力的全面发展，促进学生的认知成熟，从而提升学生的核心素养；最后，抛开文学的阅读是远离本真的语言教学方式，也是我国英语教学长期低效的原因之一。对文学体验阅读进行研究有助于更好地指导教师的教学实践，提高教学效果，提升教学质量。

三、课题界定

（一）"英语核心素养"的课题目标定位

在英语文学体验阅读过程中，教师有意识地培养学生的英语语言能力、思维品质、文化品格及学习能力。

（二）英语文学体验阅读的范围

在初中英语教学中，教师选择英美文学中有代表性的、适合初中生认知水平的名著名篇（可以是权威出版社的分级读本，也可以是经典文学作品的改编本）作为学生阅读的补充教材，然后指导和要求学生自主阅读，使他们亲身体验阅读文本所承载的意义、作者的意图及篇章蕴含的情感与文化，并结合自己的认知水平进行赏析语言、评判人物、内化情节等实践，丰富学生的人生经历，使之从体验中认识世界和发展英语能力，从而实现培养学生英语核心素养的目标。

（三）英语文学体验阅读教学研究的内容

本课题拟从核心素养视域下初中学生英语文学体验阅读的需求、教材文本的选择、教师教学的方式方法及学生文学阅读的方式方法、评价等方面开展研究，使教师更新阅读教学理念，使学生爱英语阅读、会英语阅读，提升学生的核心素养。

（四）英语文学体验阅读教学研究的对象

本课题以长沙县松雅湖中学、长沙县泉塘中学、长沙县江背中学三所中学为研究个案。

四、研究现状述评

研究发现，近些年来，美国教育界强烈呼吁文学阅读的情感回归，其发现教育中如果一味强调客观、理性的事实而忽视真实、感性的感受会导致学生的异化、冷漠甚至人格分裂。美国著名文学批评家希利斯·米勒强调文学阅读的体验性与参与性，并指出"理想的阅读应是毫无保留地交出自己的全部身心、情感，充分发挥自己的想象，天真地、孩子般地投身到阅读中去"。苏联著名教育家苏霍姆林斯基也非常重视文学阅读，他的关于课外阅读思想的文学作品被列为苏联的一门独立学科，一直到今天。总体来说，20世纪七八十年代以来，各国学校教育都开始重视学生人文素养的培养，倡导文学阅读，这给我们进行英语文学体验阅读提供了很好的背景和思路。

研究文献资料表明，近些年来，我国专家学者们也已慢慢意识到文学阅读的重要性，开始着力推广英语文学阅读。王初明在《外语是怎样学会的》一书中也主张外语学习者从读简易小说开始逐步向阅读原著或长篇小说过渡。黄远振等人提出"激发兴趣、勉励勤学、导学助读"的文学阅读教学方法。还有学者如梁亚平、胡文仲、程朝翔等都对开展英语文学阅读的可行性和必要性做了充分的论证。但由于多种因素，英语文学阅读并未得到足够的重视。国内有研究者做过调查统计，发现目前仅有少量学生涉猎报刊和简易英文名著阅读，可罕见坚持者；还有些学校只是倡导学生课外阅读一些分级读物，却没有进行指导和监控，随意性很大。

始于21世纪初的核心素养研究，其内容结构、课程体系、质量保障体系已经比较系统和完善，成为各国推进终身学习和教育、培训的参照框架。继之，我国教育部于2014年4月发布了《关于全面深化课程改革　落实立德树人根本任务的意见》，为深化基础教育课程改革明确了方向，也为我们的中学英语教学开启了新思路。

五、研究目标

通过调查，我们厘清了核心素养对初中学生英语文学体验阅读教学的要求，选择有助于提高学生英语核心素养的、适合学生目前认知水平的文学阅读文本教材，运用不同于传统的教师阅读教学和学生阅读学习的方式与方法，制定科学的教学和学习的评价指标，提升初中生的英语语言能力、思维品质、文化品格及学习能力，提高学生的核心素养。

六、研究内容

（一）对学生核心素养培养的需求研究

核心素养视域下初中英语文学体验阅读教学对学生核心素养培养的需求包括提升学生的英语语言能力、学习能力，发展学生的思维品质、文化品格等。

（二）教学文本内容选择研究

核心素养视域下初中英语文学体验阅读教学文本内容选择包括文本选择原则、方向、具体内容及教材选择等。

（三）教学方式方法研究

核心素养视域下初中英语文学体验阅读教学方式方法包括教师教学、学生学习的方式、方法以及阅读课时的安排、阅读量的把握、阅读监控策略等。

（四）教学评价指标研究

核心素养视域下初中英语文学体验阅读教学评价指标包括教师教学评价指标和初中一、二、三年级学生文学阅读应该达到的分级目标的内容、权重以及评价的操作办法及措施等。

七、研究方法

（一）文献研究法

课题组从书籍、期刊和互联网上查阅、收集相关文献资料，整理出对本课题有应用价值的资料，并吸纳国内外先进经验，加深对本课题的认识与了解，为课题的确立与研究打下良好的理论基础。

（二）行动研究法

课题组根据课题研究实施方案开展行动研究，边研究边实践，不断总结经验、发现不足、调整完善。

（三）调查研究法

课题组通过访谈、座谈，了解教师阅读教学方式以及学生的阅读现状、阅读方式等，总结经验，结合实际对教学效果进行分析。

（四）经验总结法

在实践过程中，课题组定期分阶段收集并记录课题进展情况、学生的阅读档案、实验者的感悟心得等，并以论文、交流课、沙龙等形式总结经验，发现规律，形成成果。

（五）个案研究法

课题组以长沙县松雅湖中学、长沙县泉塘中学、长沙县江背中学三所中学为研究个案，分析三所学校核心素养视域下初中英语文学体验阅读教学方式、方法的特点、经验，找到不同学校核心素养视域下初中英语文学体验阅读教学规律。

八、实施步骤

课题组主要通过以下七个步骤，实施、推进核心素养视域下初中英语文学体验阅读教学课题研究：

第一步，通过调查研究和文献梳理，了解并把握英语核心素养培养对学生的英语语言能力、思维品质、文化品格及学习能力的"四大需求"。

第二步，通过课题讨论、专家指导，确定英语核心素养培养教材文本选择的原则、方向和内容等。

第三步，通过行动研究、总结文学体验阅读的教师教学和学生学习的方式、方法，落实英语文学体验阅读教学的课时分配、具体办法和措施，转变传统阅读教学方式，培养学生自主阅读习惯。

第四步，讨论研究核心素养视域下文学体验阅读的教师教学和学生学习评价指标、不同年级学生的指标具体分级以及教师应该完成的教学任务、效果指标、操作办法和具体措施。

第五步，以三所中学为个案，进行行动研究法，定期召开课题组人员会议，集中研讨课题研究中的具体问题，并邀请工作室顾问或其他专家进行专业指导；定期观摩、集中研讨文学体验阅读课例，总结和摸索方式、方法，吸取经验，改进实施；开展学生阅读成果分享活动，含书面形式与戏剧表演等；收集整理有效资料，边验证，边实践，边完善。

第六步，做好课题结题准备：整理资料档案，进行分析总结，形成系列论文，撰写研究报告。

第七步，推广研究成果：编定优秀课例、教学案例集等，在县市级英语各级研讨会上交流展示。

参考文献

［1］程朝翔.中国孩子不妨多读"莎剧"［N］.羊城晚报，2012-03-15.

［2］龚亚夫，罗少茜.任务型语言教学（修订版）［M］.北京：人民教育出版社，2006.

［3］顾悦.当代西方文学理论与文学阅读的情感回归［J］.南京社会科学，2011（10）：137-143.

［4］黄海东.指导初中生阅读简易英文名著的思考与探索［J］.中小学英语教学与研究，2014（6）：47-49，75.

［5］黄远振，兰春寿，薛常明.中学英语文学阅读可行性和有效性研究：优秀学习者个案及启示［J］.课程·教材·教法，2009（10）：55-59.

［6］胡其林.文学教学课对英语语言能力培养的作用［J］.安庆师范学院学报（社会科学版），2001，20（5）：88-90.

［7］胡春洞.英语学习论［M］.南宁：广西教育出版社，1996.

［8］胡文仲.和胡老师谈学英语［M］.北京：外语教学与研究出版社，2009.

［9］中华人民共和国教育部.普通高中英语课程标准（实验）［M］.北京：人民教育出版社，2003.

［10］中华人民共和国教育部.义务教育英语课程标准（2011年版）［M］.北京：北京师范大学出版社，2012.

［11］柯安利.中小学英语也要重视文学阅读［N］.光明日报，2007-07-18.

［12］梁亚平.高中英语新课标与英美文学名著欣赏课的开设［J］.课程·教材·教法，2004（6）：49–51.

［13］王初明.外语是怎样学会的［M］.北京：外语教学与研究出版社，2010.

［14］张惠娥.高中英语教材文学阅读选材与学习者语言能力适合性研究［J］.中小学英语教学与研究，2014（3）：52–57.

初一学生文学体验阅读教学

——《粉红猪小妹》之选材分析

湖南师大附中星沙实验学校　李登均

通过问卷调查我们发现，城乡接合部的2019级初一学生，绝大多数在课外没有进行过专门的、系统的文学阅读，除了部分学生看过几部英文原版电影或几部动画片之外，其余的基本没有接触过英文类的影视或文学作品，课堂上的课本学习是他们英语学习的主要渠道。为了适应核心素养视域下英语课程的教学及学习，经学校批准，我们拟开设一门文学阅读课程，来拓宽学生的视野和思维，经过反复的对比筛选，最后决定选用《粉红猪小妹》第一季作为切入点和过渡的绘本教材。我们的选材主要基于如下几个方面的考虑。

一、《粉红猪小妹》家喻户晓，深受孩子喜爱

《粉红猪小妹》，又名《小猪佩奇》，英文名*Peppa Pig*，自2015年引入中国以来，在短短7年的时间里，其主人公佩奇成了名副其实的"网红"——在商场、游乐场的各种宣传活动中，"气球小猪佩奇"和小猪佩奇海报吸引了无数人的眼球；在玩具店里，各种版本、各种材质、各种型号的小猪佩奇陈列在橱窗，供孩子们挑选购买；在中小学校园英语活动中，关于小猪佩奇的模仿表演、配音节目层出不穷；在各种比赛活动中，小猪佩奇的简笔画和话语模仿都成了个人才艺展示加分的砝码；小猪佩奇甚至成了短视频里的调侃对象，也是微信表情包里的必备形象。小猪佩奇之所以这么深入人心，是因为这部动画片符合我们的生活实际，传递了爱与温情，也强调了轻松无压力的家庭氛围、和谐平等的亲子关系、回归本真的童心童趣、自由开放的成长空间等，而这些恰

恰都是学生成长过程中所需要和渴求的。俗话说，兴趣是最好的老师。由于喜爱和了解这部动画片，学生再回到它的文本阅读中来，就会有种既陌生又熟悉的感觉，就会有种文字的感召力吸引着自己继续读下去。

二、视频和绘本结合，有利于初级阶段的过渡

《粉红猪小妹》这部动画片目前共有八季，同时有配套的绘本。第一季52集，每集时长5分钟左右，以对话的形式呈现，生词不多，句式简单，我们可以利用10节课左右的时间完成这一季的学习。教师可以合理地运用视频，先让学生对故事情节有一个大致了解，再结合文字阅读进行适当的猜词猜意，也可以指导学生课后通过查阅字典的方式真正读懂单词。在教学中，我们要适时进行语言文化习俗的渗透。

三、语言简洁地道，为深度阅读奠定基础

《粉红猪小妹》这部动画片中的语言极为简单，多半是我们初中阶段学习的内容。绘本在此基础上稍稍扩展了一些词汇，非常符合学生的学情，也与他们现有的知识储备联系紧密。学生经过进一步学习，能够巩固现有的知识，并拓展开来，为将来的深度学习奠定基础。例如，I'm Peppa Pig.This is my little brother，George.这是刚学过的内容——学生读起来感觉很简单，自然就会继续读下去。再如，It is raining today. So，Peppa and George cannot play outside. Can we go out to play？这是很快就要接触的现在进行时态及情态动词的用法，学生通过阅读可以进行前期的感知，对其有一个初步的了解和认识，为将来的学习做好铺垫。再者，这些对话极为地道，便于学生捕捉到最简洁、最达意的语言。又如，Alright，run along you two. Goodness me. 教材当中是没有类似这种的语言结构出现的，学生在日常的英语学习中也接触不到这种语言，从这个层面来讲，对绘本的阅读无疑开阔了他们的眼界，也拓宽了他们的思维，为学生将来阅读不同体裁、不同风格的文学作品扫清了障碍。

四、小故事渗透大道理，与英语学科的核心素养紧密结合

《粉红猪小妹》的每一集都在一定的情境下讲述一个故事，而这些故事恰恰反映了一定的生活处事态度及人生哲理。例如，第一季的第1集，下雨了，

Peppa和George一起去外面的泥坑里玩儿。场景一：George found a big puddle and wanted to jump in，但是Peppa 及时制止了：I must check if it is safe for you；场景二：Oh，well，it's only mud. Let's clean up quickly before Mummy sees the mess；场景三：爸爸和妈妈一起加入跳泥坑的游戏。第1集里包含的这几个场景，其实是对英语学科核心素养的最好展示。

总之，文学阅读应逐步推进，由易及难。教材的选择既要符合学生的学情，也要体现本土特色及文学色彩。《粉红猪小妹》正好适合初一阶段的学生，因此，我们选择它作为初一上学期英语教学的一个衔接过渡教材。

核心素养视域下初中英语文学体验
阅读的文本选择

长沙县松雅湖中学　刘　莎

一、引言

《义务教育英语课程标准（2011年版）》中明确指出，初中三个年级学生的课外阅读量应分别累计达到4万词、10万词和15万词。而现实情况却是目前还有相当多的学生英语课外阅读仍然停留在"阅读教材内容"和"完成阅读习题"的层面。

"离开文学的英语学习路线是一种以实用主义哲学思想为主的路线，是近视而无远视的路线，是抄近路反而绕远路的路线。"而英美文学作品是英语学习中最重要、最核心，也是最具有审美价值与人文内涵的读物。本文将用《夏洛的网》这部文学作品对文学体验阅读所选阅读文本的特点进行详细阐述，并对文本的选择如何满足初中生英语学科核心素养的培养要求进行阐述。

二、英美文学作品文本选择的特点

笔者所在的学校英语教研组以及名师工作室正在着力构建核心素养视域下初中英语文学体验阅读的课题项目平台，探索英语文学体验阅读的新路子。在过去一年中，我们选择了《夏洛的网》这部文学作品进行研究初探。在引导学生进行文学体验阅读的过程中，我们发现对于文学阅读文本的选择需要遵循以下几个原则。

1. 文学作品的内容要具有连贯性

教材以每个单元一个主题的方式，采用多种独立的材料作为学习资源，书本内在的架构相对独立，文段的选择也是独立存在的，没有连续性。而文学体验阅读选取文学原著作为阅读材料，章节之间联系紧密，吸引着学生一篇篇持续读下去，了解接下来会发生什么，这就是文学作品的魅力所在。以《夏洛的网》为例，故事从早餐前爸爸准备杀一头落脚猪开始，一直到夏洛用自己的智慧和本领救了它。故事的情节紧凑连贯，读者能够跟随故事的发展产生不同的期待，形成不同的情感。

2. 文学作品的文本选择必须考虑学生的词汇储备量

在统计学上，文本生词密度与阅读理解具有关联性。美国人认为，孩子能读懂90%～95%的单词的读本适合作为阅读教学材料；而认知难度大的读本则被视为挫败认知型读本，不适合作为阅读教学材料。大量研究显示，文内已知词汇覆盖率达到95%～98%的读本比较适合外语学习者阅读。由于初中三个年级学生的词汇储备量不一，教师在选择文学阅读文本时必须考虑学生能接受的生词量，因为如果不加以考虑，文中出现的生词过多，不仅不能让学生对文本产生兴趣，而且会导致学生望而生畏，从此不再愿意读英美文学作品。

从学生词汇储备量方面考虑，我们可以在低年级阶段选择简易的英文名著。简易英文名著是在保持其英文原著较高的艺术价值和丰厚的思想内蕴的基础上，由外方或中方的专家保留原著的故事情节，并用一系列相对简单的词汇重新撰写、语言简单流畅、读来琅琅上口的文学作品。我们最开始教学《夏洛的网》这本英文原著时就发现了这个问题，每一个章节中学生要积累、查找的生词都特别多，导致学生往往将专注力放在生词上而忽略了文本的情节，或者由于生词太多，学生甚至无法理解文本的情节，严重影响了学生的阅读速度以及阅读兴趣。针对此问题，我们先改编原著，即阅读原著后，把原著改编成通俗易懂且带有图片的绘本，让学生通过阅读绘本来了解文学作品的主要人物、大致情节。教师让学生先阅读绘本，再读原著，使学生更加深刻地了解人物情节以及故事内容；最后将重点放在语言赏析这一步，并引导学生写读后感，进行语言输出。

3. 文学作品的主题要满足学生的心理需求

文学体验阅读本来就是愉悦身心、放松心灵的一种方式。在文学阅读中学习英语能够舒缓学习压力、获得学习应有的快乐。文学体验阅读就是让学生以"当事人"的角色感知文学作品的内容、情节等相关知识。所以，如若作品的主题就是现阶段学生的心理需求，则学生的参与程度和参与效率都将得到提高。

《夏洛的网》这部作品能够让学生领悟到友谊的珍贵，从而让他们产生心灵上的感动、情感上的共鸣。初中生的友情是复杂的、矛盾的。书本中小猪威尔伯和蜘蛛夏洛之间的真挚友谊，让学生十分敬佩，并深受触动，从而从正面引导了学生的情感态度与价值观，真正满足了学生的心理需求。

三、文学作品的文本选择要体现学生核心素养的培养

1. 文学作品促进学生英语语言能力的发展

当今中国英语学习者面临的最大问题就是缺少语言环境。而语言能力是指在社会情境中，以听、说、读、看、写等方式理解和表达意义的能力，包括在此过程中形成的语言意识和语感。所以，学生要学好英语就必须借助文学阅读，因为文学作品所提供的真实语境能够驱动语言能力的习得。正如语文教学一样，英语教学也依赖广泛的阅读。读的量越大，接触真实语境的机会就越多，语言复现频率就越高，词汇量就越大，语言能力就越强。

因此，文学体验阅读所选择的文学作品需要包含各种各样的语境，让学生能够从文本中体验到不同的语境，从而学习其中的语言。要想有高质量的语言输出，就必须先有大量的、充足的、优质的语言输入。因此，教师应该给学生提供大量体验文学阅读的文本，从而促进学生语言能力的发展。

2. 文学作品促进学生文化意识的形成

广义的文学是指一切口头或书面语言行为和作品，如小说、诗歌、戏剧、散文以及哲学、伦理学、社会科学等方面的读物。阅读不同的文学作品有不同的作用和效果，而文学体验阅读着重对英美文学名著的阅读。与其他英文读物相比较，英美文学名著可以穿越时空界限，使学生了解到所学语言的国家不同历史时期的文化，形成正确的价值观，并感知不同文化背景下的语言美和意蕴美。同时，学生可以通过对中外文化的差异和融通的理解和思考，探究产生差异和融通的历史文化原因，自然而然地形成文化意识。

3. 文学作品促进学生思维品质的提高

阅读对于思维发展起着特殊作用，"阅读是一种心理语言学的猜测游戏，是语言和思维交互作用的过程"。文学体验阅读所选择的一些阅读文本会在相关章节设置思考题，要求学生从作品视域关注作品内容，对文本内容进行分析综合、分类概括；从作者视域思考故事和情节，对文本内容进行质疑、评论和解释；从读者视域思考阅读文本，提出个人观点和见解，进行创意表达。这样的设计和选择将直接促进学生思维品质的提高。

4. 文学作品促进学生学习能力的提升

学生只要能够坚持阅读所选择的文学作品，就会为了了解更多的作品信息、故事情节等，积极运用和主动调适英语学习策略，拓宽英语学习渠道，努力提升英语学习能力，从而阅读更多的英美文学作品，形成一个良性循环。

四、结语

综上所述，核心素养视域下文学体验阅读的文本选择需要遵循三个原则：文学作品的内容要具有连贯性，文学作品的文本选择必须考虑学生的词汇储备量，文学作品的主题要满足学生的心理需求。体验文学作品阅读的学习方式是符合对学生核心素养的培养要求的。我们从文本选择方面阐述了体验文学作品阅读对于学生语言能力、文化意识、思维品质、学习能力培养的重要作用。因此，我们要选择合适的文学作品让学生阅读。

参考文献

［1］Kenneth S. Goodman. Reading：A psycholinguistic guessing game［J］. Literacy Research and Instruction，1967，6（4）：126–135.

［2］Stephen D. Krashen. Second Language Acquisition and Second Language Learning［M］. London：Prentice Hall，1988.

［3］I. S. P. Nation. Teaching and Learning Vocabulary［M］. New york：Newbury House Publishers，1990.

［4］胡春洞. 英语学习论［M］. 南宁：广西教育出版社，1996.

［5］黄远振，黄睿. 中学英语文学体验阅读：理念与策略［J］. 中小学英语教学与研究，2012（6）：10–13.

［6］中华人民共和国教育部.义务教育英语课程标准（2011年版）［M］.
北京：北京师范大学出版社，2012.

［7］柯安利.中小学英语也要重视文学阅读［N］.光明日报，2007-07-18.

［8］王泉根.新世纪中国分级阅读的思考与对策［J］.中国图书评论，
2009（9）：101-105.

浅谈初中英语文学体验阅读

——读《夏洛的网》有感

长沙县特立中学　文姿波

一、引言

　　体验式教学是指根据学生的认知特点和规律，通过创造实际的或重复经历的情境和机会，呈现或再现、还原教学内容，使学生在亲历的过程中理解并建构知识、发展能力、产生情感、生成意义的教学观和教学形式。体验式教学在国内外被很多专家认可并研究，在心理学领域也被广泛认可和研究。它强调引起学生积极的情感体验，提高学生的学习动力。

　　阅读的目的是什么？Grellet指出："阅读的目的主要有两方面：为了愉悦，为了获得信息。"当学生们埋头在阅读材料中寻找信息的时候，他们快乐吗？或许找到信息会给学生以成就感，理解了作者的意图也会引起学生的共鸣，但这些都无法与阅读文学作品所产生的愉悦感相比。因为语言不仅是交流的工具，更是人类文明、文化、思想的载体，所以语言教育不能只是单纯的语言技能训练，而且是一个陶冶性情、构建精神的文化教育过程。文学类作品是最能体现人文和文化特点的学习材料，它不仅能够帮助学生开阔视野，使其接触到鲜活、真实、生动的语言，还对奠定学生的人文底蕴、构筑学生的"内在精神"具有潜移默化的作用。根据专家学者的调查研究，目前我国中小学英语教育远离文学阅读，文学教育几乎为零，学生阅读量更是少得惊人。因此，文学体验阅读融入英语课堂具有十分重要的理论和实践意义。

二、选取《夏洛的网》作为阅读教材

在朱克曼家的谷仓里，生活着一群可爱的小动物，它们幽默、可爱、率真，其中小猪威尔伯和蜘蛛夏洛建立了最真挚的友谊。有一天，一个可怕的消息打破了谷仓的平静：威尔伯将成为熏肉火腿！作为一只猪，悲痛欲绝的威尔伯似乎只能接受任人宰割的命运了。然而，看似渺小的夏洛却说："我帮你。"于是，夏洛用自己的丝在谷仓的门框上织出了被人类视为奇迹的文字，它织了又拆，拆了又织。终于，它织的"王牌猪""了不起""光彩照人""谦卑"这些字眼彻底地逆转了威尔伯的命运，最终让威尔伯在集市的大赛中赢得了特别奖，得到了一个安享天年的未来。但是，这时，蜘蛛夏洛的生命却走到了尽头……它让威尔伯把它的孩子带回农场，只留下三只陪自己，其余的都带到远方。

这部埃尔文·布鲁克斯·怀特（以下简称怀特）所写的童话小说以小猪威尔伯的成长为线索，讲述了它与蜘蛛夏洛之间的深厚友谊。作者采用儿童的视角将文章中的小动物赋予人性化的语言和情感，故事情节感人肺腑，富有童趣，内容有关友情、信任、亲情、成长等，读来回味无穷，发人深省。夏洛织出的网究竟是一张什么样的网？作者写作的目的是什么？作者想要表达的中心思想是什么？也许不同的读者会有不同的答案。如此精彩的小说如果作为阅读材料被拿到课堂上来进行教学，相信一定会深受学生喜欢，教学一定会有出人意料的效果。

三、从《夏洛的网》谈文学阅读融入初中英语课堂教学的几点思考

（一）教师是否能驾驭好文学作品的阅读教学

英语教师具备良好的语言功底，在教授阅读课的时候，通常都会对阅读材料中的单词、短语、重点句子、语法点进行讲解，然后逐句翻译。但不是每一位英语教师的文学功底都是深厚的，如果英语教师不能充分了解阅读材料的内涵、作者的个人背景、文章的时代背景等，对文学作品的理解就可能会出现偏差，不能对阅读材料进行深层次的挖掘研究。以《夏洛的网》为例，教师先要对作者的个人背景和所处的历史背景进行深入了解，体会作者的写作意图，让

学生感悟历史时代对文学语言的影响。

（二）英语文学体验阅读是否适合初中学生

根据克拉申的输入假说理论，只有当习得者接触到"可理解的语言输入"（comprehensive input），即略高于其现有语言技能水平的第二语言输入，而其又能把注意力集中于对意义或对信息的理解而不是对形式的理解时，才能产生习得。这就是他著名的i+1公式。其中，i代表习得者现有的水平，1代表略高于习得者现有水平的语言材料。语言学界对文学体验阅读融入中学英语教学提出了质疑，认为中学生理解文学作品的能力还有所欠缺，文学作品的词汇量较大，句式复杂，容易造成学生的焦虑心理，从而影响学习效果。这个问题值得我们深思。我认为，合理地选择恰当的阅读材料可以避免这个问题，同时可以满足学生身心发展、个人素养发展的要求。《夏洛的网》语言幽默风趣、情节丰富、人物富有特色，对初中学生极具吸引力。这样的文章适合运用于课堂教学中。

（三）如何改变学生上英语阅读课的定式思维

受应试教育的影响，学生习惯将学习重心放在对阅读材料中语言的学习上，而不是体会作品的文化背景和思想主题。体验阅读课可以避免这一现象。体验阅读课为活动课，重在通过一系列阅读活动来促进学生阅读能力的发展。具体做法可以分为以下五步。

1. 创设情境，激发学生认识、分析、解决问题的动力

例如，威尔伯是一个什么样的人物？夏洛为什么要帮助威尔伯？学生的答案精彩纷呈、五花八门。教师可以顺势介绍威尔伯的形象：从羸弱到健康，从好吃、单纯到渴望友谊，从害怕死亡到战胜死亡，从依赖朋友夏洛到照顾夏洛的孩子们。在这些转变的过程中，威尔伯经历了生活的洗礼，终于蜕变成一个能够承担生命之重的成熟个体。教师的介绍让学生在不知不觉中体会了人物的魅力。

2. 朗读精选句子或段落，加深阅读体验

教师从每个学习小组中选派一名代表进行朗读，要求读出作品中的语言美；学生在朗读前简要说明所朗读的段落内容及选读的理由；小组代表朗读后，其余学生进行评价。

3. 绘制思维导图，发展创新思维

针对作品中的不同角色，教师指导学生画出思维导图并勾勒出不同人物的特点，如图1所示。

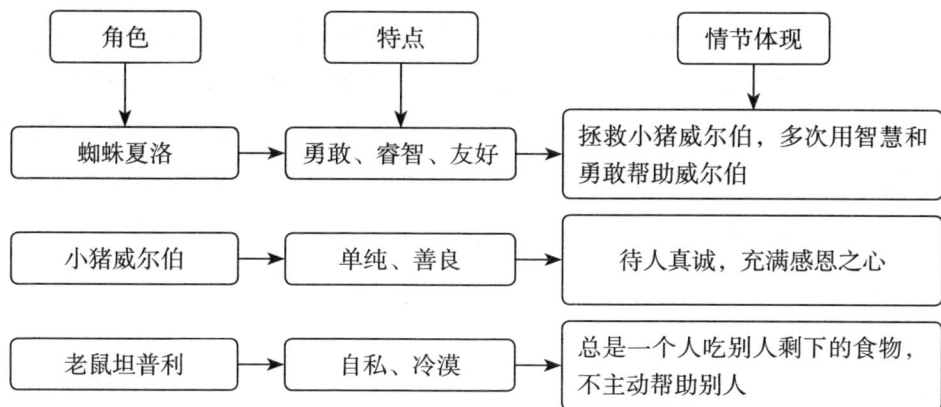

图1

通过绘制思维导图，学生们可以厘清思路，更加深刻地感悟不同人物的命运安排。其实，作者是希望读者可以像夏洛一样，努力塑造智慧和善良的自己，这样才能拥有人世间宝贵的东西之一 —— 一份点缀着信任和感激之情的真正的友谊。

4. 学习文本，分享展示

教师让学生分组分享和学习《夏洛的网》中令其印象最深的内容或精美语段，谈论作品中最喜欢的人物或情节，以加深学生对语言的体验。分享可以采取角色扮演、话剧、美文朗诵等活动形式。创新思维经常体现在自主学习、主动参与方面。表演不仅能满足学生的表现欲望，锻炼学生开口说英语的能力，还能营造轻松、活泼的学习气氛，以此激发、锻炼学生的思维模仿与创造能力。

5. 总结反馈，多元化评价

中学生好胜心强，富有积极向上的竞争精神。教师适当地组织一些竞赛，能激发学生的学习兴趣，提高其学生的创新思维能力。及时、多角度的评价可以传递教师对学生的肯定、信任与鼓励，而学生会回报以高的学习热情。

四、结语

曾有一个小读者写信问怀特："你的童话故事是真的吗？"怀特回信：

"不，它们是想象出来的故事——但是真的生活也不过是生活的一种罢了——想象里的生活也算一种生活。"无论是童话还是生活，体验认知都是对生活的升华与凝练。实践表明，文学阅读能让学生真正体会到学习的乐趣，提升语言文化素养，成为英语阅读的真正主人。相信只要把教材内容与学生的年龄特点和需求相融合，选择适当的方法和切入点，创设恰当的体验学习情境，就能让学生在和谐的学习活动中体验和感悟，从而使每一堂课都成为学生对客观世界意义的领悟、对生命意义和生命价值的体验。

参考文献

[1] E·B·怀特.夏洛的网[M].任溶溶，译.上海：上海译文出版社，2014.

[2] Francoise Grellet. Developing Reading Skills 英语阅读教学[M]．北京：人民教育出版社，2000.

[3] 魏仁贵.初中英语文学体验阅读教学模式探究[J]．福建教育学院学报，2011（6）：106-110.

开展英语文学体验阅读，提高初中生英语阅读能力

长沙县特立中学　杨　柳

对于很多初中英语教师而言，阅读教学是英语教学中的重点和难点。《义务教育英语课程标准（2011年版）》在语言技能目标和学习策略方面都对初中生提出了明确的阅读要求：初中毕业生应能读懂供7～9年级学生阅读的简单读物和报纸、杂志，克服生词障碍，理解大意；能根据阅读目的运用适当的阅读策略；除教材外，课外阅读量应累计达到4万～15万词。想达到这样的要求，教师不在英语阅读教学上下狠功夫是不行的。但如何才能真正培养学生的阅读能力呢？这是我们初中英语教师都在思考和摸索的问题。

一、初中英语阅读教学现状

综观现今初中英语阅读教学，由于受传统教学理论和应试教育的影响，我们的初中英语阅读课堂教学存在以下几种误区：

第一，未能体现以教师为主导，以学生为主体的教学理念。

《国家中长期教育改革和发展规划纲要（2010—2020年）》指出："要以学生为主体，以教师为主导，充分发挥学生的主动性。"这是一个十分重要的现代教育思想。可是在我们的初中英语阅读课堂教学中，很多教师依然采用传统的"填鸭式"或者"满堂灌"的教学模式，采用逐字逐句的讲解方法，把文章中的单词和句型作为重点进行操练，忽略文章的整体思想构建，把阅读课上成了词汇课、语法课，使学生被动地接受教师传授的知识，忽视了阅读课堂中

对学生英语思维和意识的培养，忽略了英语作为一种语言的交流性，从而忽略了学生的主体地位。

第二，未能培养学生的英语自主阅读能力。

在传统的教学模式下，教师上阅读课时，先让学生提前查好生词，标注好不认识的词汇的音标和意思，扫除生词障碍，这样有利于学生阅读原文，但是学生失去了培养自己根据上下文猜测词义的能力的机会。同时，很多教师设计的阅读问题流于表面，停留在故事情节层面。有的时候，教师设计的问题过于简单，学生根本用不着多想，直接用"Yes"或"No"就回答了；而当教师设计一些难度较大的问题时，学生难于理解，教师就用中文解释，学生也马上用中文来回答，英语阅读课变成了语文课，严重影响了对学生良好英语思维习惯的培养。

第三，过于重视知识学习而未能较好地培养学生的阅读策略。

《义务教育英语课程标准（2011年版）》的一个突出特点是将学习策略和文化意识列为英语课程目标的重要组成部分，其中学习策略是提高学生学习效率、发展学生自主学习能力的保证。英语阅读策略是学习策略的组成部分，有利于提高学生的英语阅读效率和阅读水平，增强学生学习英语的自信心。然而，目前还有很多教师仅仅停留在让学生在阅读后做大量与所阅读的文章中的语言知识相关的练习题的层面，缺乏对不同层次学生的阅读策略的指导，无法顺利培养学生的阅读技能，使得学生失去了提高阅读效率的机会。

二、英语文学体验阅读对提高初中生英语阅读水平的实践意义

通过平时对英语阅读课堂的摸索和反思，以及和英语同人的共同探讨，尤其是在名师黄英老师的指导下，我发现在初中生中开展英语文学体验阅读具有重要的现实意义。

首先，开展英语文学体验阅读，能够激发学生的英语阅读兴趣。

"兴趣是最好的老师。"现在越来越多的英语文学著作被拍成影视作品，教师在鼓励学生看完相关影视作品的前提下，组织他们阅读这些英语文学著作，能够让学生对此产生积极的兴趣。再者，作为一种愉悦身心、放松身心的方式，英语文学体验阅读能够帮助学生克服英语阅读方面的心理困难，让学生体验英语语言的魅力，从而消除学生对英语阅读的畏惧心理，让学生经历从不

会读到想读、爱读、会读的情感体验过程。由于有影视作品作为预热前提，文学体验阅读在能让学生在当前应试英语阅读理解的压力下获得英语阅读的兴趣和自信。同时，文学作品由于可读性强、贴近生活、角色丰富能给读者带来心理上的震撼。初中生在阅读英语文学作品时也容易进入角色，与角色一起走进文学作品，从而在不知不觉中进入学习者的角色。

其次，开展英语文学体验阅读，能够提高学生的英语语言能力。

培养学生的阅读能力，是对学生进行良好的语言输入的最佳途径。因为语言就其本质而言，不是靠教师教会的，而是靠学生学会的。单纯地靠学校教师来教英语，并不是促使学生学会英语语言的关键性因素。受条件所限，初中生没有一个全部用英语进行口头交流的机会。而英文文学作品恰好能够给学生创造一个这样的机会和途径，因为文学作品能够提供一种真实的语境，其中大量的生活化语言的呈现能够促进学生积累语言知识。

"得阅读者得天下。"事实上，学生语言能力的提高都源于广泛的阅读。学生的阅读量越大，其语言复现的频率就越高，词汇量也就越大，语言能力也就越强。而英语文学作品阅读是一种情节的记忆，比单纯的单词和语法的记忆要稳定得多，因而学生存储的语言也就越多，这更有利于其语言能力的提高。

最后，开展英语文学体验阅读，能够培养学生的英语思维能力。

阅读是培养思维能力的主要途径，对思维的发展起着特殊的作用，是语言和思维发展的关键过程。经典的英语文学作品的阅读，一方面能够提高学生的语言能力，有助于学生积累语言知识；另一方面可以培养学生的思维能力，尤其是对于教师指导下的英语文学作品的阅读，教师无论是从文化环境方面，还是从语言篇章方面设置较为合理的问题，都有助于鼓励学生提出个人的观点和见解。文学阅读和头脑风暴式的阅读探讨，能够激发学生的积极思维，培养学生的思维方法，从而提高学生自主思维的能力。

三、在初中生中开展英语文学体验阅读的原则

首先，英语文学作品的选择要注重趣味性和价值观的导向性原则。

苏霍姆林斯基指出："给孩子选择合适的课外读物是教育者极重要的任务。"并不是所有英语文学作品都适合初中生阅读，不同年级的学生有不同的身心发展特点。教师选择英语文学作品时要充分考虑初中生的生理及心理发展

状况，选择和推荐符合初中生发展特点、贴近初中生生活的作品，这样才易于激发初中生的阅读兴趣，才能被学生接受。同时，教师所选择的作品要有正确的导向性。阅读文学作品是一种特殊的精神活动，读者会被作品优美深邃的艺术境界、瑰丽多彩的人生图画、栩栩如生的人物形象、引人入胜的故事情节、灵活多样的艺术构思所吸引和感染，从而自觉咀嚼其中所蕴含的思想感情，并产生心灵上的共鸣。

其次，初中生文学体验阅读活动要注意课内指导和课外阅读相结合的原则。

初中生的英语文学体验阅读，既需要教师的课内指导，也需要学生课外阅读的延伸。我个人的做法是，每周尽量安排一节课内文学体验阅读指导课，如我们在指导学生课内阅读的时候，先提前布置阅读章节的课后作业，学生在已经阅读的前提下，回到课内赏析人物、分析情节，体验其中语言文字的优美。当然，仅仅每周一次的课内阅读是远远不够的。我们还以小组为单位，积极采取有效的激励措施，鼓励学生通过小话剧的形式将阅读过的文学作品中的章节展示出来，使得文学阅读的形式在课后得到延续。

最后，在学生进行英语文学体验阅读时，教师要注重阅读指导方法的有效性原则。

教师要加强对学生阅读方法与学习策略的指导。有的学生喜欢阅读，但收获甚微，这是在平时阅读时没有掌握正确的阅读方法所造成的。新课标要求初中生能根据阅读目的运用适当的阅读策略，因此指导学生掌握基本的阅读方法是教师帮学生打开阅读之门应做的第一件事。学生在进行文学体验阅读时，教师应给予学生更全面、更系统的课外阅读方法的指导。教师要引导学生根据阅读内容的不同，合理选择默读、精读、泛读、浏览、速读等阅读方法，让学生懂得读书有时要"精嚼慢咽"，对文章的内容、语言、内涵、意境等要细心品味；有时可"不求甚解"，对部分暂时未能理解的内容不妨跳过，当阅读达到相应的数量时，便能豁然开朗、触类旁通了。

我个人从以下两个方面指导初中学生进行英语文学体验阅读：①鼓励学生大声朗读英语文章，引导他们慢慢体会英语文学作品的语言美；②提倡学生做读书笔记、制作读书卡片或仿写等，并在班级进行读书比赛，鼓励学生进行课外英语文学作品阅读。

四、结语

总之，阅读教学是初中英语教育中的一个重要环节，教师应该不断提高自身的教学组织能力，不断完善教学方法，指导和激励学生进行英语阅读学习，为帮助他们形成有效的阅读技能、提高英语阅读理解能力、养成良好的英语阅读习惯而努力。

参考文献

［1］中华人民共和国教育部.义务教育英语课程标准（2011年版）［M］.北京：北京师范大学出版社，2012.

［2］人民出版社.国家中长期教育改革和发展规划纲要（2010—2020年）［M］.北京：人民出版社，2010.

［3］仇圣云.关注初中生阅读理解能力的培养［J］.中学英语之友（综合版），2010（10）：93-94.

［4］徐平，程丽平.初中英语阅读教学中存在的问题及对策［J］.中学生英语（外语教学与研究），2013（9）：108-109.

［5］魏仁贵.初中英语文学体验阅读教学模式探究［J］.福建教育学院学报，2011（6）：106-110.

［6］吴云开.初中英语文学阅读活动课"三维体验"模式研究［J］.中小学外语教学，2013（6）：24-28.

浅议英语文学阅读在农村初中英语
教学中的重要性

长沙县松雅湖中学　银　洁

"得阅读者得天下"，阅读在英语教学中一直有着举足轻重的地位。阅读技能是语言学习中最基本的一项能力，阅读技能的提高不但有助于培养学生良好的文化意识，使其掌握有效的学习策略、形成积极的情感态度、促进整体语言技能的提升，更对学生认知能力的发展、人文素养的培养和正确价值观的形成具有深远影响。然而，农村初中英语阅读教学面临的最大问题是学生很少独立阅读，缺乏阅读体验和阅读的内部动机，难以形成英语阅读思维。为了解决农村初中英语阅读教学中存在的问题，我们开始尝试在教学中开展英语文学阅读。英语文学阅读教学重视学生的阅读体验，不仅能够帮助学生形成良好的阅读兴趣，而且能够培养学生的英语阅读能力、积极的阅读态度，促进学生进行科学的自我评估，形成正确的人生观和价值观。

首先，英语文学阅读有助于培养学生学习英语的兴趣，增强学生英语学习的主动性。为什么要选择文学阅读，而不是科技文阅读或报刊文章阅读？因为文学的语言是鲜活的、感性的，更有助于学生去感悟和体悟语言的活的灵魂。符合初中生年龄和认知水平的英语文学读物的阅读，能够极大地提高学生学习英语的兴趣。阅读应该是"悦"读，即快乐地读。在传统的英语阅读教学中，学生在片段阅读中会遇到许多生词、难词，单词的障碍给学生带来了极大的负担，而阅读英语文学作品是相对轻松快乐的，即使有陌生的词汇、短语，学生也可以根据作品的情节猜测出来，即使不能猜得百分百准确，许多情况下也并不会影响阅读的进度。对于文学作品中一些反复出现的陌生单词,在查阅词典后,学生对其印象会更加深刻,因为这些词汇并不是孤立的,而是出现在特殊的语境中的。就词汇来说,英语文学阅读有助于学生消除阅读的焦虑感。而文学作品精彩的故事情节能促使学生克服障碍,不断地读下去,心理上由被动、消极地阅读转换成主动积极地阅读,使阅读真正成为"悦"读。

其次,英语文学阅读有助于学生更好地理解英语的文化内涵,养成用英语思考的习惯,提升学生的语言感悟力和创造力。在传统的英语阅读教学中,阅读只是为了"读"。尤其在农村,为了应对考试,教师们在阅读课中教词汇、教阅读技巧,学生只是理解一些片段;学生的阅读材料主要局限于教材或教辅资料,阅读时间主要集中课堂,阅读量十分有限,阅读能力比较差。而真正的英语阅读能力的培养,必须依赖大量的英语文学或人文著作的研读。学生在掌握作者思维的过程中,对具体的现象或过程进行系统批判,以此来掌握英语批判思维。最初,学生的阅读只是对文学作品语言层面的学习,他们借助词典能够逐词逐句读懂意思;在分享阅读心得时,他们只能关注一些词句,勉强读懂情节,还难以用完整的句子来评价作品和表达自己的观点。但是随着英语文学阅读的深入,学生会关注各个人物的变化、情节的发展、作者情感态度的传递。因此,在读懂英语文学作品的基础上,学生对作品内容的领悟和感知从语言层面上升到对情节、作者写作意图的分析和对人物的赏析,他们的语言表达能力也有所提升。经过思考的系统阅读才是有生命的、高质量的阅读,久而之,学生的思维能力和创造能力也得到了提高。

最后,英语文学阅读有助于教师用文学的方式进行素质教育和德育教育。俄国著名作家车尔尼雪夫斯基等人认为,文学是生活的教科书。文学作品之所以有魅力,是因为它们不是干巴巴地说教,而是用艺术的方式启迪人们去思考、去发现、去分析自身和周围的一切现象,从而帮助人们提高辨别是非的能力,形成积极向上的价值观。初中生处在人生中最叛逆的一段时期,他们对于教师和家长简单且重复的说教难以接受甚至排斥。因此,在英语教学中,教师应从文学读物入手,选择优质文学读本,充分挖掘文学读物的积极主题,通过引导学生阅读来影响学生,这不失为一种操作简便、润物无声的好方法。比如,在阅读著名儿童文学作品《夏洛的网》时,对于夏洛与威尔伯之间的友谊、芬恩对威尔伯的爱、坦普利特的自私等这些在文学作品中折射出来的真善美和假恶丑等抽象的情感，学生经过主动阅读能够更深刻、更透彻地理解和体会。而我们作为教师，可以在此基础上发掘作品中体现出的这些主题，并结合生活实际，引导学生进行思考和分析，对学生进行正确的价值引导和德育教育。比起传统、教条的德育教育，学生对于这种"寓教于读"的方式更能欣然接受。

总而言之，英语文学阅读重在学生自身的体验，这种阅读模式能够极大地提高学生学习英语的兴趣，丰富学生的英语词汇和文化内涵，帮助学生形成英语思维习惯，有利于教师更高效地进行德育教育，在初中英语教学中起着举足轻重的作用。它是英语课内阅读的补充与拓展，是值得我们在农村英语教学中坚持探索与实践的一种英语教学方式。我相信，如果能够将英语文学阅读进行到底，学生与教师都会获得极大的益处。在今后的初中英语教学中，我将继续探索英语文学阅读文本的选择、课堂教学方式方法及评价方式，以期促进农村初中学生英语核心素养的培养和提高。

关于英语阅读教学的几点思考

长沙县特立中学　王　彦

通过阅读王蔷教授的《核心素养背景下英语阅读教学》一文，结合彭桂湘主任曾经多次在讲座中诠释的核心素养，我明白了核心素养与英语阅读教学的关系，了解了当下英语阅读教学存在的问题，知道了核心素养背景下英语阅读教学应遵循的原则以及英语阅读素养发展的目标和路径；在本次名师工作室的送教下乡活动中，郭燕老师的阅读课堂对核心素养进行了很好的诠释。这些都给我指明了今后英语阅读教研的努力方向。

一、核心素养与阅读教学的关系

核心素养以培养"全面发展的人"为核心，分为文化基础、自主发展、社会参与三个方面，综合表现为人文底蕴、科学精神、学会学习、健康生活、责任担当、实践创新六大素养，具体细化为十八个基本要点。核心素养是关于学生知识、技能、情感、态度、价值观等多方面要求的综合表现，是每一名学生终身发展和社会发展都不可或缺的共同素养。

英语学科核心素养由关键能力和必备品格两部分构成，包含四个方面的要素，即语言能力、学习能力、思维品质和文化品格。从英语学科核心素养的构成及内涵来看，其以语言能力为学科基础，以文化品格为价值取向，挖掘语言内涵，获取信息，比较异同，提升思维品质，从而使学生通过分析、批判和创新，汲取文化精华，凸显出英语学科的育人价值，使英语课程从以学科知识为本的课程转向以学科育人为本的课程。

阅读教学是文本、生活与人们心灵之间的一道桥梁。在教学中，教师对文本的解读与学生对文本的感悟都将直接影响学生的感知、理解、欣赏和评价能力的提升。中学生正处在人生观、道德观的形成时期，阅读教学有利于推进教师、学生和文本之间的互动实践，模拟真实的学习情境；学生在这种情境中，通过学习阅读素材中的学科知识，基于分析汲取其精华，构建并完善新的知识体系，从而提升解决问题的能力，逐步发展核心素养。

二、英语阅读教学的现状

目前，有些中小学开展的阅读课并不能被称为真正的阅读教学，因为这些阅读课程的教学内容仍局限于语言、词汇、语法知识等层面，并没有很好地依托学科内容去教授语篇所要传达给学生的寓意，这使许多"育人"的想法只停留在口头层面。

三、核心素养背景下英语阅读教学应遵循的原则

（1）选择足够数量的、适当的、多种文体的阅读素材；

（2）激发积极的阅读动机，创设良好的阅读环境，让学生获得积极的阅读体验；

（3）力求课内外阅读相结合，培养学生主动学习的习惯；

（4）采用"为理解而培养"的策略；

（5）引导学生在文本意义、作者态度、语篇结构、语言特点与修辞方面进行探究；

（6）鉴赏修辞手法；

（7）铺垫语言知识，促进新知识增长，优化认知结构；

（8）围绕阅读语篇来设计听、说、读、写、看相结合的活动；

（9）持续观察和反馈学生的阅读行为，重视其努力的程度；

（10）实践体现个性差异的阅读教学方式。

四、英语阅读素养发展的目标和路径

1. 英语阅读素养发展的目标

我国中小学生英语阅读素养发展的目标包含阅读能力和阅读品格两大要素。阅读能力由解码能力、语言知识、其中阅读理解和文化意识四个方面构

成；阅读品格包含阅读习惯和阅读体验，其中阅读体验强调学生从阅读中获得的情感成果，包括阅读态度、阅读兴趣和自我评估三个要素。

2. 英语阅读素养发展的路径

（1）通过课堂教学激发学生的阅读兴趣，培养学生的阅读能力；

（2）开展持续默读活动，帮助学生养成阅读习惯。

五、结语

通过阅读王蔷教授的文章和聆听郭燕老师的阅读课，我清楚地意识到过去英语阅读教学的误区，今后我将全力引导广大英语教师走出英语阅读教学的误区，重视对学生阅读素养的培养，不仅关注学生阅读能力的提高，而且关注学生阅读品格的形成。在今后的阅读教学中，我要关注和改进文本问题的设计，在确保适量展示型问题的基础上，增加参阅型问题和评估型问题的数量；充分利用学生的已有知识、生活经验和经历，以问题为桥梁和纽带，发挥问题的引导作用，增强学生的学习兴趣；在一个篇章中，所设计的问题的难度要逐步增大，通过引导学生从读懂字面意思、理解深层含义到挖掘言外之意，逐步激活学生的思维，尽量减少单词填空、单项选择等控制性很强的训练，给学生更多自主发挥的空间；注重通过问题对学生进行相关阅读策略的训练，培养他们选择不同阅读策略完成不同阅读任务的意识，提高他们自主选择和使用不同阅读策略的能力。

论思维导图在初中英语阅读教学中的妙用

长沙县春华中学　彭博文

一、思维导图的定义

思维导图是20世纪60年代英国心理学家东尼·博赞（Tony Buzan）发明的一种笔记方法，其认为思维导图是对发散性思维的表达，因此也是人类思维的自然功能。思维导图作为一种知识可视化工具，能将图形与文字相结合，可对各级主题的关系进行层层剖析，同时可通过有差异的图形和颜色，与不同层次的主题关键词建立起有逻辑关系的记忆链接。随着新课程改革的推进，为满足英语阅读教学的需要，思维导图在初中英语阅读教学中的应用越来越广泛，有助于激发学生英语阅读的兴趣，提升学生的逻辑思维能力。

二、初中英语阅读教学的现状

1. 学生词汇量问题

词汇量越充足，阅读能力相对而言就会越好。但部分学生词汇量少，尤其是农村初中的学生，英语底子差，对于他们而言，读英文文本有时就如同读天书。

2. 传统教学模式问题

据调查，在初中英语阅读教学中，传统的阅读教学模式仍活跃在阅读教学课堂上，该现象以农村初中更为常见。部分教师仍采取传统的教学方法进行语段翻译和语法精讲，将阅读课变成了翻译课和语法课。在教学过程中，学生的阅读时间非常短，而教师着重分析句子结构和讲解语法，从而导致教师较容易忽视文章的文化背景以及学生获得的情感体验。这种教学模式致使学生对于文章的理解停留于表层，同时，脱离语境的阅读分析也是不全面的。因此，学生分析文本的能力和阅读技巧并没有得到有效的提高。

3. 兴趣问题

在传统教学模式下，教师的"教"和学生的"学"都已机械化和程序化，虽然教师与学生都投入较多的时间与精力，但成绩提高并不显著。长此以往，无语境下的英语阅读学习、枯燥和乏味的语法和翻译式学习，容易让学生失去学习英语的兴趣，进而导致其英语阅读能力无法得到显著提高。

三、思维导图在初中英语阅读教学中的妙用

现有研究发现，初中英语阅读教学仍存在较大问题。阅读教学的理想目标是把文本吃透，释放文本中所蕴含信息的活力，再融入学生的主观创造力，为形成学科核心素养奠定基础。在阅读教学中，理解文章的基本结构是学生进行其他深层理解的基础与前提，不掌握文章的基本结构，就很难概括其主旨和要义，对作者的意图、观点和态度也难以做出合理的推断，进而也可能因未能把握文章结构和主旨影响词义的推断等。因此，分析文本结构、确定文本的语篇类型、分析具体段落功能，应该是进行文本阅读理解时师生都要做的事情。而思维导图作为一种具象的逻辑思维模式，能帮助学生掌握文本结构，梳理文本脉络，从而提升阅读能力。本文以人教版英语八年级上册 Unit 5 *Do you want to watch a game show*？ "Section B 2a–2e"和Unit 1 *Where did you go on vacation*？ "Section B 2a–2e"的文本为例，具体分析思维导图在初中英语阅读教学中的应用。

【案例一】

1. 读前

在进行英语阅读教学前，教师应研读文本，根据文本内容制作出思维导图，让学生进行课前的思维发散，开阔学生的视野，让学生对即将读的阅读材料有一个背景知识的了解，以此来提高学生的阅读兴趣，进而提高英语课堂教学效率。以人教版英语八年级上册Unit 5 Do you want to watch a game show？ "Section B 2a–2e"的文章为例，课前教师可以用思维导图导入一些关于动画片的背景知识，就动画片中的情节和主要人物让学生进行头脑风暴式思考，抓住

学生的兴趣点，激发学生的思维，提高学生的课堂学习兴趣，争取让课堂活起来，让每个学生都能真正参与课堂活动。

2. 读中

在组织阅读课教学时，教师可以先将学生分成几个小组，每个小组通过自主合作的方式进行阅读，然后通过讨论，做出由各自理解所得的思维导图，最后展示自己的思维导图，分析自己对所读文章结构和内容的理解。教师通过学生的思维导图，可以知道学生思维的局限之处，从而进行有效的指导，并基于此改进自己的教学方式。在制作思维导图的过程中，学生充分发挥了自己的主观能动性，同时培养了团结协作的能力和互相帮助的思维品质，提高了动手能力和创造力，有利于核心素养的培养。学生所做的思维导图如图1所示。

图1

3. 读后

通过课中的阅读教学及思维导图的制作，学生对文本的内容及篇章结构有了一个大致的了解，此时教师可展示自己制作的思维导图，并就自己制作的思维导图和文本内容向学生提出一些问题，以此来加深学生对文本的理解和突破学生思维上的局限性。最后，教师可以让学生依据思维导图对文本内容进行复述，以此来提高学生的英语应用能力，真正达到语言输出的目的。以Unit 5 *Do you want to watch a game show?* "Section B 2a-2e"的文章的思维导图为例，教师可以提出几个问题，如What is Mickey Mouse a symbol of？Why did people want to be like a smart man？等等，通过对这些问题的回答，学生对文章内容的把握更加深刻，对文章结构的理解更加清晰。同时，此思维导图还可以帮助学生完善自己的思维，如图2所示。

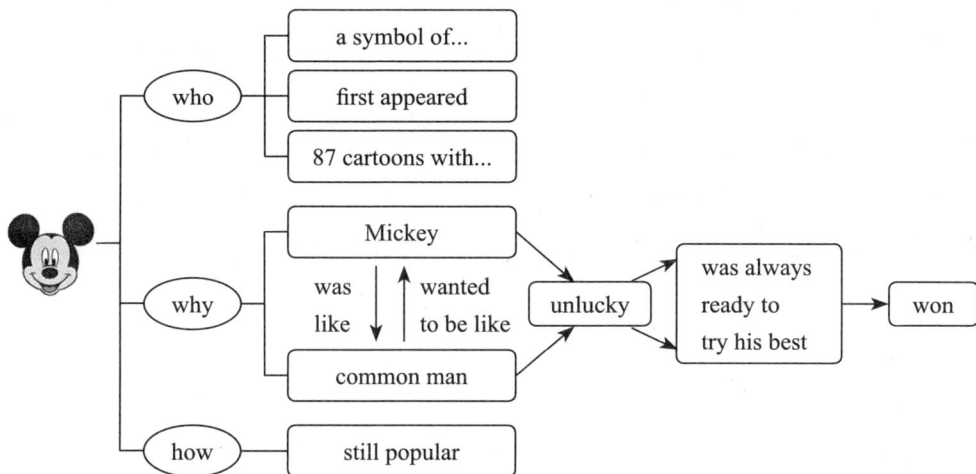

图2

【案例二】

人教版英语八年级上册Unit 1 *Where did you go on vacation*？ "Section B 2a-2e"的文本为两篇旅游日记。教师先重点分析第一篇日记，带领学生深入研读文本，用思维导图梳理文章的基本结构，总结概括文章的主旨和要义，并剖析作者第一天的心情——度过了愉快的一天。

教师鼓励学生根据思维导图的提示研读文本，找出与其相关的内容，层层递进；以学生为中心，把课堂还给学生，鼓励学生自己动手制作具有自己个人特色的思维导图，激发学生的阅读兴趣，提高学生的逻辑思维能力和团队合作能力；为学生设计好框架，帮助学生根据所学内容更好地感知旅行日记的七要素，进行有效的语言输出，培养学生的语言运用技能。

教师在整体教学的基础上进行分段教学，完成以思维导图为主线的任务，从而使学生更好地掌握篇章内容，把握旅行日记所涵盖的七要素，为写作打好基础。

四、结语

思维导图作为一种现代化的教学辅助工具，在教学活动中能有效地拓展学生的发散思维，开发学生的智力，激发学生的兴趣，使学生的主观能动性得到有效的提高，逻辑思维能力得到有效的锻炼。思维导图在英语阅读教学中的应用有效提高了英语阅读教学效率；在认知记忆方式方面运用不同的图形和颜色，更符合初中学生学习的思维特点，让学生的思维逻辑更为严谨，使学生的文本解析能力和阅读技巧得到了有效的提高。结合初中英语阅读教学现状和学习现状，教师及时调整教学方式，科学合理地运用思维导图解析文本，将会全面提高初中英语阅读教学的效率和效果，从而有效培养学生的英语学科核心素养。

参考文献

［1］Buzan T，Buzan B. The Mind Map Book：How to Use Radiant Thinking to Maximize Your Brain's Untapped Potential［M］. New York：Penguin Books，1996.

［2］王新阳. 思维导图在初中英语阅读教学中的应用［J］. 中小学外语教学，2010（5）：32-38.

［3］邹舟. 思维导图在初中英语阅读教学中的应用初探［J］. 时代教育，2015（10）：231.

以英文绘本阅读为载体，提高初中生的写作能力

长沙县泉塘中学　柯兰香

一、定期开展绘本阅读教学活动

英语绘本与一般的英语书籍内容截然不同，它的主要内容以图画为主体，文字只是作为内容的注解（普通书籍则是以文字内容为主，插图只是作为其中的点缀），在一定程度上能够很好地调动学生学习的兴趣，提高学生学习英语写作的积极性。因此，选择具有代表性的优秀绘本进行精读教学，不仅可以提高学生的写作能力，还有助于提高学生的观察能力及思考能力。在英语绘本阅读教学中，教师可以分三个阶段开展，即阅读前的活动、阅读中的活动以及阅读后的活动。在深入开展英语绘本阅读教学活动之前，为了充分调动学生对英语知识探索的好奇心和学习的主动性，英语教师可以通过各种活动唤醒学生原本的知识储备，使其积极地跟随教师的教学步伐快速融入英语绘本故事的氛围和情境之中。阅读前的活动可以是听一首与教学内容相关的英文歌曲，也可以是看与教学内容相关的趣味性图片，抑或是做热身小游戏等。总之，教师可以利用各式各样的教学手段，激发学生对知识的好奇心。在绘本阅读教学的过程中，教师可以借助多媒体辅助教学工具，对教材中的内容进行深度的挖掘，给学生播放与教学内容相关的音频和视频，让学生结合播放的内容展开写作联想。在此过程中，教师可以设计一些有针对性的交际情境，积极引导和鼓励学生用英语进行表达，从而提升学生的英语表达能力，进而落实到英

语写作中。阅读后的活动主要是让学生充分掌握所学的知识点，充分感受英语的独特魅力，从而提升其英语写作能力。例如，在英语绘本实际教学中，教师可以先让学生根据课本内容复述故事、表演故事以及通过小组合作形式看图说故事等，从而激发学生的学习兴趣，为接下来教学活动的顺利开展做好铺垫。在学生阅读的热情被充分调动起来后，教师可以将课前制作好的PPT课件播放给学生观看，为学生营造一个既真实又生动的教学情境，充分吸引了学生的课堂注意力，使其在有限的时间里快速地掌握绘本中的单词、句型。待学生看完绘本视频内容后，教师可以通过巧设问题的方式引导学生积极用英语口语进行表述，从而为学生厘清写作的思路，提高学生的英语口语表达能力。

二、将绘本与教学内容相结合，提高学生的写作能力

初中英语绘本教材拥有较强的故事性，故事情节既丰富又充满趣味，同时其中的对话内容相对简单，极易激发学生学习的欲望。因此，在日常英语教学活动中，英语教师可以巧妙地运用英语绘本教材，使其与当前的英语写作教学充分结合，这样不仅有助于活跃课堂气氛，调动学生学习的积极性，还能有效地降低知识点的难度，提升学生的写作技巧。众所周知，在初中英语考试中，英语书面表达作为考试内容中的重要组成部分，对学生的英语成绩起着决定性的作用，因此，提高学生的英语写作水平是英语教学中的重点内容。英语写作不仅体现着学生的英语学习能力，而且体现着学生的综合语言运用能力。将绘本故事融入英语写作教学中，可以充分激发学生的表演欲望，教师可以充分利用学生这一学习诉求，积极引导学生结合教学内容对绘本故事进行改编，使学生在改编绘本故事的过程中，加强对所学知识点的掌握。这样不仅可以提高学生英语口语表达能力，还可以调动学生学习的能动性，拓展学生英语学习思维，实现学生综合能力的发展。例如，在以"making friends"为写作主题进行写作教学时，教师可以借助英语绘本教材中的内容，引出本课英语写作教学的主题，其目的是活跃课堂气氛，让学生通过绘本内容找出与friends相关的单词和句子，丰富学生对写作主题的认知。之后，教师可以将学生分成若干小组，并以小组为单位给出提示内容，如name and age, where he / she comes from , what he is，what his / her friend is，looks，personality，等等，为学生写作提供一些关于朋友和友谊的精彩句子、句型，要求学生按照正确的书写格式，根据绘本故事内容进行故事改编。在改编的过程中，学生不仅可以培养选词的能力，还可以锻炼英语词汇的运用能力，从而提高英语写作水平。

三、坚持绘本阅读，提高学生学习的积极性

兴趣是学好一切的动力，要想使学生的英语写作水平得到显著的提升，教师首先需要培养其学习英语写作的兴趣，只有激发其学习的兴趣，才能充分调动其学习的积极性与能动性，使其积极地投入英语写作学习。初中英语绘本学习素材的主要内容以图画为主，教师开发与利用英语绘本进行英语写作教学，符合初中生的学习心理诉求，不仅可以有效缓解学生日常学习中的学业压力，还能拓宽学生的知识视野。在英语教学中，大部分学生比较喜欢英语阅读，但是缺乏主动应用意识，其根本原因在于学生总是担心自己英语发音不准，从而羞于在人前使用英语表达，然而提高学生英语写作能力的关键之处就是使学生积极运用所学知识进行表述。阅读是写作的基础，加强学生英语阅读训练有助于提高其驾驭语言的能力。因此，教师需要经常鼓励学生进行绘本阅读，在调动学生阅读积极性的同时，提升学生的英语写作能力。

四、结束语

英语阅读是提升学生英语写作水平的重要基础和前提。教师在英语写作教学中利用英语绘本进行阅读教学，不仅可以培养学生学习英语的兴趣，而且能帮助学生积累更多的英语词汇，丰富学生的写作素材，从而提升学生的英语写作水平。

参考文献

[1] 徐雯雯. 以英文绘本阅读为载体，提高初中生的写作能力 [J]. 课程教育研究，2018（47）：81-82.

[2] 李啸迪. 简述以绘本阅读为基准提高初中生英语阅读能力的策略 [J]. 人文之友，2019（21）：178.

［3］江海霞，张颖.以英文绘本为载体的小学英语阅读教学研究［J］.郧阳师范高等专科学校学报，2019，39（z1）：161-163.

［4］王妍.绘本阅读对小学生英语读写能力培养现状及策略研究［J］.新课程（教研版），2019（11）：192.

基于核心素养的初中英语阅读教学策略

长沙县蒿塘中学　周　蓉

一、初中英语阅读教学现状

（一）在教师方面，教学观念陈旧，教学模式单一

目前，在我国的英语阅读课堂上，许多英语教师仍然沿袭着老旧的教学方式。首先，他们的教学以自己为主，一味地灌输，强调学生对知识点的背与记。这样就难以创造良好的教学氛围，学生在枯燥、重复的学习模式中容易分心，处于一个被动、消极的学习状态。在这种教学观念和模式的影响下，学生将自己看作学习的接受者，教师教一点，就完成任务似的背一点，自主学习能力不强，这与教师们最初的教育理念相违背。其次，他们的教学范围比较狭窄，大多数时候局限于阅读课文本身，对于更深层次的情感态度与价值观，往往不能很好地带领学生去领会。英语阅读的学习，不是局限于每篇课文所呈现的那些知识点，而是需要学生们去挖掘和探索课文背后的知识与生活常识。此外，使用黑板和粉笔是这些教师主要的教学手段，他们不能掌握现代化的教学技术，无法开阔学生的视野，不能帮助学生从多种感官和维度去认识和感知，因此难以让学生加深对知识点的印象，也无法使其更快地掌握阅读方法。

（二）在学生方面，对英语阅读学习的兴趣不高，不能很好地参与到课堂中来

在不少学生看来，要理解一篇英语阅读文章，需要在前期背诵、记忆大量的单词和短语，而这也正是他们最头痛的事情，不少学生还会产生厌烦情绪。在这种情况下，更别提要求学生去升华文章主题、思考文章所反映的问题了。

词汇量固然重要，但若仅限于靠背单词来进行英语阅读学习，确实难以让学生提起兴趣。其实，平日的各种报纸、杂志、电视节目等对于学生词汇量的积累都大有帮助，因为它们贴近生活，呈现的形式也丰富多彩，对学生有很强的吸引力。此外，课堂活动的缺失也是学生对阅读产生呆板印象的一个因素。我们知道，如果大多数阅读课的学习仅仅依靠教师的讲授，学生自然容易觉得无聊，甚至走神。对英语阅读提不起兴趣又会导致学生后期学习进步缓慢，如此恶性循环，就会让一部分学生慢慢掉在队伍的后面，甚至影响其英语其他方面的学习。学生学习积极性降低，学习动力不足，就难以达到教师最初设定的教学目标，教师也难以取得良好的教学效果。

（三）在阅读材料方面，难度差异大，内容设置的科学性有待加强

现在学生接触的阅读材料本身也有一定的不足。首先，在难度方面，有些材料过于简单，学生读起来没有挑战性；有些材料又过于困难，给学生带来很大的压力和挫败感，在一定程度上打击了学生的自信心。阅读材料的难度绝不能任意设置，它应该根据相关学生的年龄状况、年级阶段、区域差异、教学目标、课程标准与大纲等方面来综合设置。这样才能让学生对阅读理解的难度有一个比较好的把握，从而在平时的积累中更好地做到有的放矢。其次，在内容方面，英语阅读材料总是大量涉及外国的文化，它们有的涉及俚语，有的涉及风俗文化，有的涉及当地的禁忌。而这些文化对于我国的广大学生而言是比较陌生的，而且中国人和外国人的思维方式有不小的差异，比如，很多时候，对于同一件事情的看法中国人更含蓄委婉，欧美人更直截了当。一门语言固然会反映该语言使用者的民族文化，但是对于阅读材料来说，应该将其与我国文化进行融合，取其精华，去其糟粕，只有这样，才能使学生更容易理解，并引起他们的思考。

二、英语学科核心素养下的中学英语阅读教学策略

（一）合理选择英语阅读材料，形成自己的阅读体系

在教学过程中，教师应该结合学生的具体情况，考虑其认知能力、学习特点等，选择难度趋于中等水平的阅读材料。针对不同的阅读方式，我们需要将阅读材料相应地分成两类——泛读材料和精读材料，通常以精读为主，泛读为辅，从而有的放矢地培养学生正确的学习方法。泛读和精读这两种阅读方式对

学生的要求和帮助是不一样的：泛读训练学生在短时间内又快又好地获取材料的信息，明确材料的主旨；精读则要求学生有一定的词汇量和短语积累等，可以帮助学生积累更多的词与句，更好地掌握做题方法。在内容方面，教师可以选择文学、历史、科学、新闻等方面的材料，它们各有各的特点，题材丰富、用词恰当、结构清晰、信息量大，可以在很大程度上吸引学生的注意力，提升学生的阅读兴趣。有些材料的内容甚至非常贴近学生的学习与生活，极易引起学生的共鸣，引发他们积极思考。字数方面也要有所规范，材料太长易使学生失去阅读的欲望，太短则又难以从多维度考查学生的阅读能力，所以教师要很好地把握这一点。

（二）实施分层阅读教学，提升学生学习能力

每个学生都是独立的个体，他们在很多方面都存在差异。他们对阅读文章有着不同的理解与认知，在学习习惯和学习方式上也有着强烈的个人特色。因此，教师一定要尊重学生的个体差异，真切地认识到学生才是学习的主体，一切从学生的角度出发，相信每个学生都有学好英语阅读的潜力。阅读能力是学生学习英语的工具，也可以说，英语核心素养的具体体现就是英语阅读能力。成绩较优异的学生，他们基础较好，词汇量较大，知识储备较丰富，接受能力较强。针对这部分学生，教师要帮助其发挥长处，可以将其英语阅读学习的标准定得稍微高一点，全面培养其各方面的能力，引导其自主学习。他们不光要通过阅读学习扩大词汇量，还应该引起对一个现象或问题的思考，并将思考的结果放到实践中去检验。而对于成绩较为不理想的学生，教师则首先要帮助其建立学习的信心，激发他们的学习动机，引导其发现英语阅读学习的乐趣。教师可以对他们多进行阅读技巧的培训，对他们的阅读效果多进行积极的评价，最终提高他们的核心素养。

（三）增强文化意识，加强文化素养

学生在学习过程中若能对阅读材料进行深层次分析，就能丰富情感体验，进而提高自身的文化意识。在进行英语阅读时，我们既要理解字面意义，也要挖掘其内在含义；既要不断补充和完善文化背景知识，也要注意中西方文化的差异。要做到这些，首先，教师必须不断提升自己的文化修养，广泛涉猎外语国家的政治、经济、文化、风俗、禁忌、宗教、典故、谚语等文化背景知识，形成自己强大的知识后盾。其次，在教学过程中，教师可以适当穿插一些单词的文化常识，如在教 "Teach a fish how to swim." 这句话时，教师可以引导学生思考：难道还有不会游泳的鱼？为什么要教一条鱼游泳？这到底是一种什么样的行为？然后学生们会发现，教一条鱼游泳，就好像在孔夫子面前炫耀自己的文章，或是在鲁班门前耍大斧，进而明白这句话不能单纯地理解为"教一条鱼游泳"，而是"班门弄斧"之意。还有七年级下册的阅读课文 "Birthday food around the world"，其中也体现了很多中西方文化的差异和相互交融。通过这篇文章，学生们可以很清楚地看到，在西方国家，人们过生日一般会吃蛋糕；而在中国，过生日的人则常吃长寿面。虽然吃的东西不同，但是食物背后隐藏的美好含义是一样的，而且随着全球文化交流的深入，这个明显的区别在渐渐变小。学生们阅读之后，不仅能学到这些文化知识，还能进一步思考：自己身边的人是怎么过生日的？自己所在的区域与附近的地方过生日的方式是一样的吗？除了生日外，还有哪些方面能体现中西方文化的差异和交融？思考得越深刻，学生就越能达到英语阅读学习的目的，从而增强文化意识，加强文化素养。

三、结语

初中英语阅读教学任重而道远，增强学生的阅读能力、培养学生的阅读策略、提升学生的核心素养是教师的重要任务，意义非凡。我们要将核心素养贯穿整个阅读教学过程，开发学生的潜力，训练学生的逻辑思维能力，让他们对文章产生深刻理解，引导他们进行积极思考，对他们进行多方面的培养，帮助他们又快又好地成长，享受英语阅读带来的乐趣。

参考文献

［1］陈静.核心素养视野下的初中英语阅读教学策略［J］.中外交流，2019（11）：164–165.

［2］喻春桃.基于核心素养培养的初中英语阅读教学策略［J］.中学课程辅导（教师教育），2018（16）：55.

［3］王向文.基于英语学科核心素养的中学英语阅读教学策略［J］.北极光，2019（4）：168–169.

基于思维品质培养的初中英语文学体验阅读

——以分级阅读*Peter Pan*教学为例

长沙县松雅湖中学　刘　莎

一、引言

《义务教育英语课程标准（2011年版）》明确指出："英语课程承担着培养学生基本英语素养和发展学生思维能力的任务。"《普通高中英语课程标准（2017年版）》指出："思维品质指思维在逻辑性、批判性、创新性等方面所表现的能力和水平。思维品质体现英语学科核心素养的心智特征。"因此，英语教学应该重视利用各种有效的教学素材、教学方法、教学策略来促进学生思维品质的发展。

要培养学生的思维品质，阅读教学无疑是重中之重。文学体验阅读强调学生在阅读过程中的自主体验，通过导读、自主阅读、持续阅读的体验阅读方式，让学生不断克服字词理解障碍，从而获得独特的文化理解以及语言感知和体验，真正提高学生的英语能力和核心素养。文学体验阅读更加有助于学生辨析语言和文化中的具体现象，梳理、概括信息，建构新概念，分析、推断信息之间的逻辑关系，正确评判各种思想观点，创造性地表达自己的观点，具备多元思维的意识和创新思维的能力。

因此，在文学体验阅读教学中，教师需要把文学体验阅读和思维的特性有机地结合起来，通过一系列的阅读活动有侧重地培养学生思维的逻辑性、批判性、创造性。

二、梳理书本内容，训练思维的逻辑性

逻辑思维指运用概念、判断、推理等辨析语言和文化中的具体现象，梳理、概括信息，建构新概念，分析、推断信息之间的逻辑关系。本课例选用《黑布林英语阅读》初一年级第1辑*Peter Pan*作为授课教材。在文学体验阅读课中，通过梳理书本内容训练学生思维的逻辑性，教师可以选取以下几个侧重点：①重视书本每个章节的标题；②注意书本的插图；③关注故事情节中的伏笔。

1. 重视书本章节标题，引导学生进行分析推理

标题是对章节内容的提炼与概括，从标题中我们能够预测作者在这个章节所写内容的主题和大致框架，还能获得很多文本隐含信息。因此，教师在授课的过程中要引导学生对标题进行深度解读，对文段内容进行预测，以此激发学生的阅读兴趣，激活学生的思维。

例如，本书的第二章标题是*Peter Loses His Shadow*，通过阅读第二章节，我们得知皮特来到达林一家的时候刚好遇到了达林夫人和他们的狗——娜娜，所以皮特在逃离达林家的时候把他的影子落在了达林家，并被达林夫人锁在了柜子里。学生们很快就被故事情节吸引住了，在读第三章之前，教师提出问题：What will happen to Peter's shadow? 学生给出了自己的猜测：The kids in the family help Peter to get his shadow back.也有学生说：Peter comes back to the family to get his shadow by himself.然后，学生通过第三章的标题*Wendy Helps Peter*.证实了自己的猜想，阅读的成就感油然而生。教师顺势提出问题：How can Wendy help Peter? 学生马上给出答案：Wendy helps to open the window; Wendy helps to open the drawer for Peter.这些问题可引导学生开动脑筋进行思考分析和推理评价，有利于培养学生的思维品质。另外，教师在阅读过程中引导学生重视标题，有助于学生形成read between lines和read beyond lines的思维习惯。

2. 注意书本的插图，引导学生进行描述和理解

作为非文字性资源，插图以直观的可视画面再现文章的重点内容或关键情节，对文章起着必要的补充和诠释作用。《黑布林英语阅读》分级阅读的初中阶段的书本具有图文并茂的特点，书中每个章节都有不少插图。这些插图都是编者精心设计与编选的，承载了大量的知识信息和思想内涵，不仅提供了直观

的视觉信息，还提供了思考和想象的空间。

例如，本书的第八章*Wendy's Story*中有一幅插图，温蒂正在坐着给皮特和其他5个男孩子讲故事，温蒂绘声绘色地讲着，5个小男孩都听得很认真，但是图中的皮特却是满脸不高兴的样子。教师在教学中引导学生观察插图，再围绕插图提问：What can you see in the picture? How does Wendy feel in the picture? How about Peter? Why does he look like that? 这些问题可以引发学生的好奇心，使他们产生各种联想，并想方设法寻找合适的词表达自己的思想。图文结合、以图助读、以问促思是将枯燥乏味的课文教学生动化的有效途径。

教师在阅读教学中可利用插图引导学生通过观察、想象来展开描述，逐渐培养学生的认读、理解及逻辑思维能力。

3. 关注故事情节中的伏笔，引导学生进行持续阅读

关注故事情节中的伏笔有利于学生对接下来的故事情节进行预测和想象，有助于学生逻辑思维能力的提高。例如，在本书的第三章，由于温蒂帮助皮特找回了他的影子，皮特把他的纽扣当成kiss送给了温蒂，第三章的最后一句给我们留下了一个伏笔：Later Peter's "kiss" saves Wendy's life.而在第七章里我们发现了这句话的出处——正是皮特的纽扣让温蒂没有被箭射中，从而拯救了她的性命。

三、质疑品鉴，提升思维的批判性

思维的批判性在于质疑、求证的态度和行为，不茫然地接受一种观点，也不武断地拒绝一种思想，而是通过正确的途径求证事物的真假。在文学体验阅读教学中发展批判性思维，是在认知、理解书本信息的基础上，对书本的内容进行分析、比较、质疑、辨别、推敲和评价，挖掘书本文字的隐藏含义，探究作者的观点、情感态度和写作意图，从而达到对文学作品更准确、更全面、更深层的理解。

在导读课中，教师会引导学生关注书本中的主要角色，并对书本如何描写角色（这些角色蕴含着作者对某种现象或者事物的理解，反映了作者的思想和价值观）进行归纳汇总，然后带领学生对角色的特点进行归纳总结。例如，在*Peter Pan*第五章的*Neverland*中，教师引导学生通过关注本章节对其中主要人物的不同描写手段来分析人物的性格特点，并进行角色对比，引导学生形成正确的情感态度与价值观。

例如，在第五章中有这样一段心理描写：She is a little fairy. Her voice is like the tinkling of little bells. She suddenly decides that she wants to kill Wendy. She is very jealous（妒忌的）of Peter's new friend. She has an idea. 从这段描写中，我们能够发现Tinker Bell的性格特点：妒忌的，情绪化的。然后教师可以继续提问：What do you think of Tinker Bell？Do you want to be like her？Why？这样的提问可以让学生对已有的信息和知识进行质疑，并且对具有同样性格特点的人物进行评价，从而训练学生思维的批判性。

每一部文学作品都包含自己独特的观点和想法，这些观点和想法仅仅是作者在自己人生经历的基础上进行的理解，并不代表所有人的想法，也不一定理性和客观。这就需要学生对文章的观点和思想进行深入解读，从不同角度去分析，从而为形成自己的观点打下良好的基础，提升思维的批判性。

四、读后思考，培养思维的创造性

创造性思维也被称为"创新性思维"，是指以新颖独创的方法解决问题的思维过程。这种思维能突破常规思维的界限，以超常规甚至反常规的方法、视角去思考问题，提出与众不同的解决方案，从而产生新颖的、独到的、有社会意义的思维成果。教师可以运用读后赏析活动课的不同活动培养学生思维的发散性和创造性。

教师在引导学生读完 *Peter Pan* 以后，让学生完成一张阅读反馈卡。卡中有这样的题目：If you can ask Peter a question, what will you ask？这样的问题激活了学生已经获得的文本信息，启迪了学生的发散性思维。学生的产出有Why do you want a mother？Why don't you want to grow up？Can you take me to fly？How did you make friends with Tinker Bell？How can you be so brave？What do you think of grown-ups？等内容。学生结合书本已有的信息和生活实际，各抒己见，输出自己的想法，培养自身的创造性思维。

在反馈卡的最后，教师设计了一个开放式的问题：Please continue to write the story of Peter Pan. 学生给出的回答让教师十分惊喜，其中一个学生的产出：No star can be in the sky forever, and there's no one can keep young forever.So Peter Pan starts to be old, but he has never forgot to do a thing. He always invites his "mother" to Neverland. 另外一个学生的产出：Although Peter is an elf, he was injured when he tried to save Wendy's offspring. So he is staying in bed now. Peter Pan feels very bad. Oh, he is seeing his "mothers", Mrs Darling, Wendy, Wendy's daughter...Peter is smiling when he is dying. 从学生们续写的故事中可以看出他们对于书本中的这个故事有了自己的独特见解，形成了自己的价值观；从他们的产出中还能够看出他们结合自己的生活状况给出了他们认为更加符合现实的一个结局。

五、结语

思维品质的培养不但需要语言做支撑、内容做基础，更需要一定时间的体验。在文学体验阅读课中，教师要尽可能多地为学生提供训练思维的机会，利用文学体验阅读的特点，运用有效的阅读策略引导学生理解文学原著，挖掘文字内涵，创造性地进行读后反思，用真实的阅读体验促进学生思维品质的提高。

参考文献

[1] 陈科娜. 在文本细读中培养学生的思维品质 [J]. 中小学英语教学与研究，2021（3）：22-26.

[2] 冯文俊. 解析初中英语教材插图的有效使用 [J]. 英语广场（下旬刊），2013（5）：156-157.

[3] 中华人民共和国教育部. 义务教育英语课程标准（2011年版）[M]. 北京：北京师范大学出版社，2012.

[4] 中华人民共和国教育部. 普通高中英语课程标准（2017年版）[M]. 北京：人民教育出版社，2018.

[5] 芮学国. 基于思维品质培养的初中英语阅读文本解读策略 [J]. 中小学英语教学与研究，2020（5）：39-43，50.

[6] 夏谷鸣. 作为英语学科核心素养的思维品质内涵分析 [J]. 兴义民族师范学院学报，2018（3）：84-87.

[7] 杨保鸿. 课文插图的有效利用 [J]. 课程教材教学研究（小教研究），2014（5）：32-33.

[8] 姚本先. 大学生心理健康教育 [M]. 合肥：安徽大学出版社，2011.

以图促学，提升读前活动有效性

湖南师大附中星沙实验学校　杨李若兰

　　读前活动与阅读息息相关，读前活动做得充分有利于阅读顺利进行，阅读前动机的激发对阅读起着关键作用。以生动有趣的"图"来激发学生的兴趣是英语课堂常用的教学方法。但是"趣"不应该只停留在吸引学生的注意力上。一时的视觉刺激吸引的注意力往往不能持续太久，只有当学生与"图"产生联系时，才能激发学生的持久阅读动机和兴趣。这种联系可以是情感上的，也可以是逻辑上的，还可以是真实生活中的。《普通高中英语课程标准（2017年版）》的语言运用方式中新增了一个"看"。这里的"看"在英文里对应的单词是viewing，通常指利用多模态语篇中的图形、表格、动画、符号以及视频等理解语篇的意义。理解这类语篇除需要使用传统的文本阅读技能外，还需要观察图表中的信息、理解符号和动画的意义。这就要求教师在课堂中引入多模态语篇，引导学生通过观察各类"图"中的信息、理解符号和动画的意义来辅助理解语篇。感知、观察、分析和思考"图"中的信息，有助于学生产生持续的阅读兴趣，也有助于其思维能力的发展。本文所说的"图"是一种可视化手段，它可以是图片、视频、图示、图表等任何能对学生产生视觉刺激的视觉形象。

一、以"图"激发情感体验

　　语言本身就是抽象的符号，它只有与客观世界产生联系才有意义。学生只有将语言与客观世界联系起来才能习得语言，而情感就是语言和客观世界之间的一个很好的联系。教师通过"图"呈现作者的情感，学生能够从视觉上感知抽象的情感，从而在情感、语言和客观世界之间建立联系。尤其是在记叙文的教学中，教师引导学生感知作者的情感是很关键的一点。例如，人教版英语七年级下册Unit 12 *A Weekend to Remember*一文讲述了这样一个故事：主人公Lisa一家外出度假，遭遇了一个"糟糕"的惊喜（a terrible surprise）—— 一条大蛇（snake），Lisa和妹妹非常害怕（scared），从而向父亲求救。在导入的时候，教师可以用图片或者视频向学生展示蛇的攻击性，从视觉上引起学生的情感共鸣，再询问学生"How do you feel when you see the snake？"在有了情感体验之后，学生能更好地理解和体会scared和scary两个单词，因为图片和单词之间有了情感的连接。学生也能初步理解为什么标题是"A Weekend to Remember（难忘的周末）"，在情感上就很难忘了。在对文章的情感有了初步感知之后，学生在接下来的阅读中就能更好地体会主人公Lisa的情感，与文本产生情感上的互动。

二、以"图"激活背景知识

学生能否读懂一篇文章，除了与其掌握的词汇和句法有关之外，还有其本身的背景知识有关。阅读的过程是语言材料和背景知识相互联系的过程。在背景知识的作用下，学生能带着原有的知识去阅读，能更好地理解文本内容。当原有的背景知识和课文提供的新信息同化或者产生认知冲突时，学生会对文章更有兴趣，也更容易建构新知。因此，在阅读之前激活背景知识非常重要。而在课堂中，大部分教师只是通过用图片展示与文本主题相关的内容来导入课文主题，学生的思维被教师牵着走，其背景知识并未被激活。因此，教师需要利用图片将文本主题和学生的背景知识联系起来，并引导学生交流和分享背景知识，从而完善背景知识构建，只有这样，才有利于学生思维品质的提升。教师可利用图1来引导学生建构文本主题和背景知识之间的联系，并让学生将自己建构的联系表达出来。

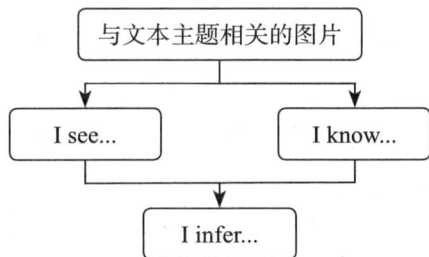

```
          与文本主题相关的图片
                  |
        ┌─────────┴─────────┐
        ↓                   ↓
     I see...            I know...
        └─────────┬─────────┘
                  ↓
              I infer...
```

图1

教师首先引导学生观察图1所示内容（I see），接着引导学生从自己的背景知识中搜寻有关知识（I know），最后让学生结合观察到的内容和背景知识进行推测（I infer），从而建构文本主题和背景知识之间的联系。人教版八年级英语上册第五单元的阅读文章介绍了米老鼠这一卡通人物的诞生、性格特征以及受欢迎程度。教师可以展示多幅与米老鼠相关的图片，让学生根据图片来谈一谈对米老鼠的认识并猜测这篇文章将会介绍什么。

三、以"图"联系真实生活

导入如果从学生出发，以学生作为"图"的来源，会使学生感觉更加真实。因为这些素材体现的主题确确实实是存在于他们真实的世界中的，是他们能真切感受到的。那么这个"图"也就能作为文本世界和学生真实世界之间的一座"看得见"的桥梁，从而为学生接下来的文本阅读做好铺垫。例如，人教版英语八年级上册第二单元的阅读文章*What Do No.5 High School Students Do in Their Free Time*? 是一篇有关学生课后活动的调查报告，其调查内容包括运动、上网和看电视。文中给出了许多数据让学生进行比较，而学生容易沉浸在这些数据中，看不到数据背后的含义，这是学生阅读时的难点和障碍。就这篇课文而言，教师可利用问卷的方式在课前对本班或者本年级学生做一次真实的有关课后活动的调查，调查内容可涵盖文中提到的活动，也可增加其他与学生相关的活动，如课外阅读、课外培训班、公益活动等。然后教师将调查结果以柱状图或者饼状图的形式进行呈现，让学生能够以直观的方式来审视自己的真实生活，从真实生活入手来理解数据及其背后的含义。这也为之后梳理文章中大量的数字信息打下了基础。

有效的读前活动有利于激发学生的兴趣，引发学生思考，从而促进阅读活动顺利开展。以"图"促学强调的是通过观察、比较、分析、推断、归纳和建构概念来帮助学生理解语篇，在文本和学生之间建立有意义的联系，从而使学生产生持续的阅读兴趣，辅助阅读理解。总之，"图"不能一闪而过，只刺激到视觉，还要与学生产生联系，引发学生思考，只有这样，才能充分激发学生的阅读兴趣，强化学生的阅读动机。

参考文献

［1］刘东明，杜梦宏.例谈英语阅读教学活动设计的有效性［J］.英语教师，2016，16（18）：134–136，150.

［2］程晓堂.英语学科核心素养及其测评［J］.中国考试，2017（5）：7–14.

［3］中华人民共和国教育部.普通高中课程方案（2017年版）［M］.北京：人民教育出版社，2018.

第二章

兴趣是最好的老师

如何提高初中生对英语学习的兴趣

长沙县松雅湖中学　　刘　莎

一、建立和谐、融洽的师生关系

培养学生学习兴趣的核心问题是创造一个和谐、融洽的师生关系和轻松、愉快的学习环境，采用灵活多变的教学方法，让学生做中学、学中用。由于教师的素质不同、教学对象不同、使用教材不同，教学中激发学生的学习兴趣、调动学生的学习积极性，没有也不可能有固定的模式可循，但每种模式的效果是相同的。

教和学是一对矛盾，作为矛盾双方的代表，教师和学生保持和谐融洽的关系，对完成教学目标至关重要。因此，教师要彻底改变"师道尊严"的传统观念，建立平等的师生关系，不断地与学生进行学习上、心理上、感情上的沟通，保持师生友情关系，把学生当成朋友，在教学相长和相互信任中，引导和激励学生学好英语，培养学生的学习兴趣。青少年的心理特点告诉我们，这个年龄段的学生"亲师性"较强。如果他们对某位教师有好感，他们便对这位教师的课感兴趣并分外重视，肯下大气力、花大功夫学这门课，因而成绩优秀；反之，如果他们不喜欢某一位教师，由于逆反心理，他们也就不愿学或不学这位教师的课。所以，教师要深入学生群体，和学生打成一片，了解学生的兴趣、爱好、喜怒哀乐、情绪变化，时时处处关心学生、爱护学生、尊重学生，有的放矢地帮助学生；对他们的优点和长处予以夸奖和赞赏，对他们的成绩和进步予以肯定和表扬；对他们的缺点、弱点和错误予以真诚、坦率、严厉的批评、教育，批评方式上既要严厉又要尊重他们的人格，不伤害他们的自尊心，让他们从内心感到教师的批评是由衷的爱护和帮助。在他们的眼中，教师不仅是一位可敬的师长，更是他们可亲可近的亲密朋友。这样才能使师生关系和谐、感情融洽，才能让学生兴趣盎然地进行学习。

二、创造轻松、愉快的学习环境

现代科学教育理念已完全打破了传统的教师传道、授业、解惑的教学形式，教师已不仅仅是一个知识的传授者，教学也已不仅仅是为了完成教学任务和目标。教师要在传授知识的过程中不断调整自己的教学方法，采用多元的、全新的教学手段，借助多种教学工具和设施，将传统的教师讲、学生听的教学方式转变为学生主动学习的方式，通过激发学生英语学习的兴趣，挖掘学生的学习潜力，从而提高教学质量。因此，教师在教学中必须彻底改变传统的、单一的、权威的教学方式，向现代化的、多元化的、平等的教学方式转换，以便营造一个轻松、愉快的学习环境。传统的教学模式和方法，总是教师"一言堂"，课堂上总是教师向学生灌输知识，学生始终处于消极、被动的学习地位，没有什么轻松、愉快可言，因而也就无兴趣可谈。即使那些认真学习的学生，也无非把自己当作知识的记忆器，为分数不得已而为之。但就多数学生而言，由于不感兴趣逐渐放弃了英语学习，从而导致"两极分化"，教学质量不佳。

课堂环境对学生学习兴趣的影响极大。教师的责任在于为学生创造轻松、愉快的学习环境。为了做到这一点，教师要以满腔的热情，全身心地投入课堂教学，仪表要整洁，精神要饱满，表情要轻松、愉快，目光要亲切，态度要和蔼，举止要大方、文雅，谈吐要简洁，语言要纯正、地道、流利，书法要规范、漂亮，版面设计要合理醒目，等等。

为了淡化传统教学给学生的印象，教师要打造"寓教于乐""动静结合""学用结合""师生配合"的教学环境。课前，教师可根据教学内容，用学生能听懂或大致能听懂的英语讲一个幽默笑话、一则谚语，或由学生进行课前三分钟英语会话练习、自由演讲、自由谈话，或集体唱一首英语歌曲，从而活跃课堂气氛，激发学生的学习兴趣，完成教学前的预热活动。

三、采取灵活多样、充满情趣的教学方法

教师在教学中必须采用多层次、全方位、多角度、全景式的教学方法，来激发学生的求知欲望和学习兴趣，调动学生的学习积极性和主动性，激励学生学好英语。单一的教学方法是乏味的，即使是一个好的方法，经常用也会失去它的魅力。为了激发、保持、巩固学生的学习兴趣，教师要认真钻研教材，根据不同的教学内容选择不同的教学方法。这就要求教师付出心血，不断地探索，不断地追求。例如，字母教学要能够真正教得快、教得准、教得好，让学生学得有趣味，但这并非每一位教师都能做到的。有的教师照本宣科，每次教几个字母，依次教完就过去了；而有的教师把字母做成卡片让学生分组进行字母排队游戏，教学生唱字母歌，不仅效果好而且效率高，还锻炼了学生的观察能力、灵敏反应能力，增强了学生的集体观念。两种做法，两种效果，前者索然无味，后者则其乐融融。

四、采取课内、课外相结合的教学方法

外语教学应主要放在课内，但要学好英语光靠每周几次英语课是不够的。所以，我们还要借助各种手段，采用多种形式，突破课堂范围，大力开展课外教学活动。但这种活动不应是课内教学的继续，也不应是无组织的放任自流。教师应根据不同班级学生的不同层次、不同水平、不同爱好，采用英语"沙龙"形式有目的地组织课外英语活动，如英语游戏、演唱会、朗诵会、讲演比赛、阅读比赛、识词默写比赛、作文比赛、听力比赛等；开展英语故事表演、英语文艺节目表演、英语戏剧表演活动；举办英语讲座、听广播、看录像、听报告等活动。这些活动既可各班单独进行，也可全年级或全校进行。其目的是活跃学生的课外生活，让学生巩固课内所学的知识，创造英语学习的氛围，培养学生学英语的兴趣，提高教学效果和质量，使课堂内外相互结合、相得益彰。

浅谈如何培养初一新生对英语的兴趣

长沙县江背镇五美中学　王萱麟

说到学外语，我不禁想起了我读初一的那年暑假，傍晚时分，与同学骑着自行车，来到城郊的一位英语老师家中，闻着田中飘来的稻香，听着蛙声，沉浸在老师的课堂中，在英语的世界里畅游……

一转眼，十年过去了。现在，作为一名英语教师的我，也站在了讲台上。面对一张张稚气未脱的孩子们的脸，我多么想把我当年学英语的感受与体验传达给他们啊！如今，昔日的稻香与蛙声已不在，有的，是先进的多媒体教学仪器、宽敞明亮的教室……我不禁想问，孩子们会喜欢英语吗？日复一日地学习单词会让他们感到枯燥吗？经过两个月的英语教学，通过与孩子们的交流，我深深体会到，对于刚刚接触英语的孩子们来说，兴趣是让他们打好语言基础的关键。为了激发孩子们学习英语的兴趣，我觉得新教师应该从课内与课外两方面着手。

上课是英语教学最为关键的环节。学生爱听什么样的课，是我一直在思考的问题。我发现，初一的学生刚刚脱离小学阶段，思想仍比较幼稚，好玩、好动的心思依然很强烈。如果教师在英语课堂中适当地设计一些小游戏，如单词接龙、连词成句等，则既可以活跃课堂气氛，又可以激发学生们学习外语的兴趣。在第一个月的英语教学中，我设计的游戏比较多，几乎每节课都有，学生们学习英语的热情很高，在月考中也取得了令我比较满意的成绩。但是在随后一个月的教学中，由于备课组要求赶上期中考试的进度，我不得不减少课堂游戏的设置。我发现学生们学习英语的热情明显减退，"周周清"成绩也严重下滑。所以，我意识到以后在教学中一定不能以降低课堂质量为代价来追赶教学进度，否则将达不到良好的教学效果，正所谓"欲速则不达"。

首先，在上课的过程中，生生互动也是激发学生兴趣的重要手段。十二三岁的孩子爱表现、喜欢被表扬，而英语课堂能够为其提供大量的操练机会。我喜欢让学生上讲台表演对话。因为我有过这样的经历：我读小学六年级的时候，跟一名同学表演过一次对话，让我终生难忘。当时我以为我不会表演对话，于是我没举手。但是没想到我的英语老师点了我的名字，让我上台表演。于是我走上讲台，面对台下一教室的同学，不知道哪里来的勇气，脱口而出。我的英语老师随即表扬了我。当时，我充满了成就感。那句英语直到现在仍然深深地印在我的脑海里。我想小孩子的心理都具有相似性。许多孩子不是不会说英语，只是没有勇气开口。而生生互动正好给不愿意开口的孩子一个很好的机会，让他们发掘出连自己都不敢相信的潜力。

其次，上课时，适宜的服饰、优美的语音语调、漂亮的板书、自然的教姿教态，都是吸引学生的亮点。特别是年轻教师，更是要通过上课的激情来引发学生的情感共鸣。在教学活动中，我把各种各样的实物，如自制的教具、挂图、简笔画与人物、情境和实地表演等结合起来，身体力行地与学生交朋友，一起游戏、一起听说，使他们在有趣而轻松的气氛中感到学习英语并不是一件苦差事，这样的潜移默化使得课堂气氛非常活跃，学生学习的积极性很高，兴趣也随之愈加浓烈。随着学生英语学习兴趣的提高，教学效果也有了比较明显的好转。平时少言寡语的学生也产生了浓厚的兴趣，主动参与到学习英语的游戏中。这就为提高英语教学质量奠定了坚实的基础。

说到课外，我觉得最主要的一点就是要多跟学生交流。在初一的第一堂课之前，我们要让学生消除对教师的陌生感与距离感，使学生亲近你、喜欢你。我教的一个平行班里有一个男生，每次我进教室上课，他都会主动帮我开多媒体、插好音频。但是经过几个星期的教学，我发现，他对外语学习的兴趣不是很大，成绩也不是很好，上课经常走神，没有积极参与到课堂活动中来。我隐隐为他的英语学习感到担心。有一次，他帮我开多媒体的时候，邀我去他家玩。他跟我住在一个小区里，于是周五放学时，我就跟着他去家里做了一次家访。让我感到吃惊的是，这个成绩平平的学生会打架子鼓，而且在省里获过奖，据他的家长介绍，他是一个动手能力很强的孩子，平时喜欢自己做飞机模型，而且对于家电的使用、物品的构造非常感兴趣。我想，每一个孩子都是特殊的。那些成绩不好的孩子，他们也有自己的长处，只要教师多跟他们交流，多发现他们身上的闪光点，让他们知道老师喜欢他们，他们自然就会在学习上更加努力，上课也会跟上老师的步伐。

初一学生刚刚接触英语这门课，有一定的好奇心，但一般是一种较短暂的直接兴趣。随着时间的推移、课程内容的增多以及难度的增大，有一些学生就会把这门课当成负担，到初二时学生会出现分化，部分学生开始厌学。所以，在初一时，教师一定要运用多种手段激发学生的学习兴趣，让学生打好基础。在课外，如在活动课上，教师可以给学生介绍一些比较经典的英文歌曲及电影，让学生感受英语作为一种语言所传达的文化内涵及魅力。教师还要重视细节，特别是学生的书写。在我所教的一个基础稍微弱一点的班级里，有几个男生英语底子比较差，连英语字母都写不规范。于是我要求他们每天写一篇英语字母给我，并严格按照书写规范来写。我还常常在班里表扬一些英语书写得比较漂亮的学生，让其他同学向他们学习，慢慢培养学生对于书写的重视意识。

教学有法，但教无定法。兴趣是最好的老师。学习英语虽然是一个日积月累的过程，但是一个好的开端、一种强大的学习动力，还是非常重要的。作为教师，作为学生在学海中畅游的领路人，我们要开放思路，通过多种渠道打开学生兴趣的大门。我相信，只要用爱心和耐心，真心地对待学生、对待英语教学，遇到困难不放弃、不沮丧，就一定会受到学生的欢迎，教学也能收获好的成果。

如何提高学生学习英语的兴趣

长沙县特立中学　王　彦

一、教师的教学艺术直接影响学生的学习兴趣

一位著名的外语教育家曾说过："情感对外语学习的作用至少与认识技能同等重要，甚至更重要。"英语教学不仅是一个认识过程，也是一种情感活动过程。这里所说的情感首先来自教师本人对教学本身的兴趣。教学实践表明，中学生学习外语的动机最直接的来源是外语教师的情感动力以及教师对他们的态度。教师的教学态度直接影响学生的学习兴趣，影响学生学习的积极性和克服困难的意志，影响学生的认知活动效率。一个对教学有兴趣的教师，因其教学有方，能够使教学活动生动有趣，使一些原本对学习缺乏兴趣的学生产生兴趣；反之，教师如果教学无方、照本宣科，则会使一些原本对学习有兴趣的学生兴趣大减。

初中阶段的学生年龄小、心理不成熟，对英语教师的印象直接影响其对英语学习的兴趣。心理学家认为：感情表达=7%言辞+38%声音+55%面部表情。可见，教师的面部表情是感情的"晴雨表"，具有丰富的内涵。另外，教师不可缺少的，甚至是最主要的品质，就是热爱学生。平时我有意多与学生接触，主动与学生谈心、交朋友，帮助他们树立学习的信心。我相信，教师良好的品质和个性能促进教师和学生在实际教学中的默契配合。

二、创造课堂集体学习的安全感

学生在恐惧的情绪下不可能发挥创造性思维。为解除学生困惑、紧张和害怕出错等不利于学习的消极心理，我在课堂上充分利用同桌、小组来组织各种语

言实践活动，努力创造一种互助协作的氛围，使学生拥有学习安全感。

对发音较难的单词，我采用集体跟读和朗读的方式让学困生有机会自我改正。如果我马上指定某位学生去发言，一般情况下学生会显得很紧张，产生不安全感，所以多种多样的课堂集体活动形式最能提升学生的安全感。另外，当学生犯错误时，我总是正面鼓励，而不是处处纠错。因为学生是尝试着进行言语训练的，犯错误是不可避免的。对初中学生来说，学习英语更需要的是鼓励与赞赏。适当中肯的话语对学生有积极的暗示作用，能激发学生改正错误、奋发进取的勇气和信心，促进其潜能的发挥；直接生硬的话语对学生则有消极的暗示作用。教师不分性质、见错就纠，会给学生造成心理压力，增强他们怕出错的紧张感而使他们失去信心，造成他们自卑、胆怯的心理。因此，在上课时我毫不吝啬地对学生进行表扬和鼓励，以满足学生们的心理需要。

三、激发学生的学习兴趣，启发学生的思维

在教学中，首先，教师要创设英语学习情境，营造氛围，激发学生学习英语的兴趣和动机。比如，在学习打电话、看病等日常交际用语时，教师尽量用情境教学。这样做不但能极大地激发学生的学习兴趣，而且能提高学生实际运用英语的能力。其次，教师可以组织单词拼写比赛，激发学生学习单词的兴趣；组织朗读比赛，激发学生的朗读兴趣。这些比赛其实就是营造一种学以致用的氛围，使学生们感到自己所学的知识有"用武之地"，切实拥有学习英语的成就感。在比赛中，学生在某一方面获得了一次成功后，就会增强学习英语的兴趣，于是更主动、自觉地学习。随着兴趣的增强，学生的学习效果也会不断提高。如此良性循环，学生的学习负担将逐渐减轻，学习速度将不断加快，学习兴趣也就自然能长久。

在教学中，我充分考虑学生的年龄特征、知识特点和思维特点，对其进行激励和启发。我选择适当的教学方法调动学生的各种感观，上课时运用比赛、游戏、唱、演等多种形式来活跃课堂气氛，以激发学生的学习兴趣。

初中学生有强烈的表现欲。每次在对上一节课的内容进行温习和检查时，我都会问一些问题，让学生以抢答的形式来完成，听写单词、朗读课文、口语对答等教学环节都以小组为单位开展竞赛。由于引入了这种竞争机制，学生们课后互相帮助，课堂上个个不甘落后、争当第一，学习气氛活跃，教学效果显著。

四、恰当评估激励，有针对性地培养学生学习英语的自信心，从而增强学生学习英语的兴趣

学生最感兴趣的是取得好成绩。成绩好时，他们就信心十足，反之则垂头丧气。所以，我充分利用学生的这个心理特征，在教学中对其进行恰当的评估，对成绩略差的学生多采用鼓励的手段，鞭策他们努力学习，迎头赶上；对成绩好的学生进行表扬，鼓励他们再接再厉。尽量让学生们觉得英语并不难学，只要自己努力就能取得好成绩。

在上课的过程中，教师要善于发现和抓住学生的每一个优点和微小的进步，哪怕是一个好句子、一个用得合适的词语，都要及时给予"Good""Very good""Good job"等肯定。只要学生有了好的表现我就进行表扬和鼓励，这样学生的优点就会保持下去，缺点就会越来越少，学生就会增强自信心、自尊心。多年的教学实践表明，每当我用表扬、鼓励之词来对待学生的回答时，他们的积极性就会提高；当学生尤其是学困生答对问题受到表扬时，他们会激动不已，整堂课都会昂着头，目不转睛地盯着我，聚精会神地听课。这些表扬、鼓励之词无非是为了培养学生的自信心，只有从培养学生学习英语的自信心入手，才能找到学生英语学习的突破口，因势利导，培养学生学习英语的兴趣。

兴趣是最好的老师。一个成功的英语教师要在教学中有意识、有目的地培养学生对英语学习的持久兴趣，让学生处于较佳的学习状态，使他们对英语爱学、想学、善学、学好，乐在其中并乐此不疲。这就要求我们不断更新课堂教学手段，用灵活多样的教学方法，组织学生进行广泛的语言实践活动，达到学以致用的目的；通过多种手段激发学生实践的热情，增强学生学习英语的自信心，使学生保持并增强对英语学习的兴趣，让学生在学习英语的过程中实现从"要我学"到"我要学"的转变，真正实现教学目标。

总的来说，在教学过程中，培养学生的学习兴趣是中学英语教学的关键，多种生动活泼的兴趣教学能吸引学生的注意力，使学生产生正确的学习动机；能调动学生的学习积极性，激发他们的求知欲，使他们积极主动地进行思考，更好地开发智力。兴趣教学为当前"应试教育"向"愉快教育"的转轨提供了一条有效途径。对英语学习的兴趣与学生的英语学习效果有很重要的关系，是英语教学成败的关键所在。

浅谈如何提高农村中学学生的英语学习兴趣

长沙县特立中学　王　滋

虽然农村的小学生从三年级开始学习英语，但由于英语不作为期末考试的主要科目，很多学生和家长对英语学习都不够重视；很多学校由于缺乏专业的英语教师，对于小学英语教育也有心无力。进入初中后，很多农村学生的英语学习几乎是从零开始。在这种情况下，培养学生学习英语的兴趣就显得尤为重要。学习兴趣是学习积极性中很现实、很活跃的心理成分，它在学习活动中起着十分重要的作用。兴趣是最好的老师，也是学生能持之以恒地学习的催化剂，没有兴趣就没有求知欲。那么如何提高中学生的英语学习兴趣呢？根据自身的实际教学经验，笔者认为有以下几种方法：

首先，教师要营造良好的英语学习氛围。学生学习英语缺乏英语语言环境，这就要求教师尽量用英语组织教学，给学生营造浓厚的英语语言学习氛围。在七年级第一个月的教学中，教师应该讲解常用的课堂用语，日积月累，让学生基本听得懂简单的课堂用语，增强学生学习英语的信心，让学生觉得听说英语并不难，为培养学生的英语语感打下坚实的基础。

其次，教师要帮助学生掌握正确的学习方法。"工欲善其事，必先利其器。"要想学习好，必须掌握学习的方法，具备学习的能力。学习方法得当，学习就会事半功倍，学生就会越学越爱学，信心就会越来越强；反之，学习方法不对，学习就会事倍功半，甚至徒劳无功，学生就会越学越厌学，甚至丧失信心。因此，教师在教学过程中必须关心学生的学习情况，及时帮助学生掌握正确的学习方法，巩固学习成果，从而保持他们学习英语的热情。除此之外，具体到某个学生的学习方法，教师要充分考虑学生的年龄特征和个体差异，帮助学生找到和逐渐掌握适合自己的学习方法，避免一味"抄袭"学习好的学生的方法。通过运用适合自身的科学的学习方法，学生能够不断提高学习成绩，进而提高学习英语的热情，形成良性循环。例如，不少学生听力水平不尽如人意，教师可以告诉他们，拿到听力材料后，要在录音播放之前尽可能地把各个小题都详细看一遍，做到心中有数；听的过程中可以整句听、整句理解，也可以抓住关键词，有时间可以速记下来，可以写得不规范，只要自己认得就行；如果有的地方没听懂或没听见，千万别停下来或焦躁不安，要心平气和地往后听，待听完后再综合考虑。

最后，教师要寓教于乐地进行课堂教学。要做到这一点，直观教学是行之有效的方法。这种方法不仅使英语教学过程更生动、形象，而且能使学生加深理解、强化记忆，还能训练学生的听说能力，培养学生的交际能力。具体方法有：①创设情境，把书本上的内容搬到生活中来，以学生为中心，采取动作表演等手段进行情境教学；②为原声英语动画片配音；③学习英文歌曲等。

兴趣问题是英语教学中的首要问题，英语教师应想方设法激发学生的学习兴趣，把英语课上成活泼有趣的言语技能课，让学生在学中乐、在乐中学，全面提高英语"教"与"学"的质量，努力提高英语课堂教学效果。

关于如何激发学生英语学习兴趣问题的探讨

长沙县特立中学　周　婷

　　在英语教学中，我们面临的最大难题就是如何让学生愿意学、喜欢学，积极主动地使用英语进行简单的对话交流。兴趣是最好的老师。可是，究竟要如何提高学生学习英语的兴趣呢？从我个人有限的教学经历来看，我认为可以尝试以下几种方法。

一、优化教学用具，开发新型课堂

　　（1）为提升英语科目的趣味性和多样性，让学生真正在活动中学习英语、操练英语，教师可以优化英语教学用具。例如，教师可提供给七年级学生四线三格纸用于规范他们的书写，可提供海报纸张让七八年级学生在课堂中进行合作展示，还可以考虑打造专门的英语活动室，力求实现资源的最优化利用。

　　（2）教师可考虑在小范围内开展一周一次的活动型课堂，让学生离开常规课堂，进入英语活动室开展基于课本内容的无课桌课堂。

　　（3）教师可考虑利用信息化手段辅助英语课堂教学及英语课后作业布置，如尝试英语quizizz和kahoot等，优化实施细则，验证信息化手段实施的可行性。

二、利用学校课程资源，设置英语趣味类项目

　　（1）教师可合理利用社团平台，开启英语社团辅助功能，如设立英语动画学习、英语歌曲学习、英语绘本阅读、英语口语营、英语角等社团，选明多样化英语教材，提升英语学习的趣味。

　　（2）教师可利用学校组织的学科类校级比赛，组织英语书写比赛、作文创

作大赛、手抄报比赛、英语歌唱比赛、演讲比赛、话剧改编演绎赛等。

三、常规课堂的处理

（1）在课堂教学模式上，教师要有意识地加入课前五分钟的英语输出：英语材料可以是简短的中文诗歌译文、英语高频率谚语习语、英语小故事、英语绘本、英语演讲片段视频或语音，并引导学生模仿操练或问答等。

（2）教师要认真贯彻晨读制度，规定晨读内容，加强监督，保证晨读效果。为了达到效果，教师可以让学生做好以下两点：①每天记5个生词、2个常用句子或习语，通过互测及教师抽查及时检查，保证效果并坚持下去；②背诵课文中的对话或整篇课文，其目的是让学生能够背诵并默写，培养语感。

（3）在具体的英语课堂教学中，教师要加大学生活动的开展力度，不能简单地满堂灌、满堂讲而没有学生的活动和参与；教师在课堂上要采用全英文授课（90%英语使用率），且教师讲和学生练的比例是3：7。

（4）教师要根据教学目标并结合教学具体内容，积极为学生创设情境，尽量在较为逼真的情境中渗透文化、设置任务，引导学生通过思考、调查、讨论、交流和合作等方式学习和使用英语，完成学习任务。

（5）教师要经常进行教学反思，适时调整教学方法，使之符合学生的真实情况，以利于学生的有效性学习。

（6）教师要对学困生进行专门辅导，布置单独的作业，让他们在小进步、小转变中体味学习的快乐，树立他们学习的自信，让他们尽快成长起来；加强对学生学习策略的指导，为他们的终身学习奠定基础。

（7）教师要关注学生的情感，营造宽松、民主、和谐的教学氛围。

（8）教师要利用有限的教学资源，坚持教研活动课堂化，以教研活动促课堂教学，开展多项教学活动，让学生真正在活动中学习英语、操练英语，提升英语科目的趣味性和学习方式的多样性。

第三章

细节决定成败

初中生有效学习英语词汇的方法

长沙县百熙实验学校（初中部） 王相如

词汇学习一直是英语学习的基础，《义务教育英语课程标准（2011年版）》对义务教育阶段初中毕业生英语词汇的要求为学会1500～1600个单词和200～300个习惯用语或固定搭配，但对于测试学生英语词汇学习的有效性还没有一个具体的量表。词汇的掌握程度是以数量为基准，还是以词汇的运用为基准？什么样的学习才算有效？这些问题还需探究。然而，现实的英语教学情况是，大部分中学生的英语词汇量已达标，但词汇的有效运用、词汇使用的持久性一直是令人深省的问题。

一、初中生英语词汇学习方法的现状

在义务教育基础阶段，大部分学生在小学三年级已开始学习英语。这一阶段的英语单词学习以自然拼读法为主，目的在于培养学生的英语学习兴趣，让学生敢说英语。但到了初中阶段，英语教学的任务由培养兴趣转变为对语言知识的掌握，包括语法、句式结构等内容。小学和初中阶段的不同要求，导致学生在进入初中阶段后很难适应复杂单词和句法结构的学习。因此，中学生在英语词汇学习中出现了以下几种情况。

（一）死记硬背记单词

进入初中后，学生对单词的学习是基于音标的拼读，而非看字母直接识单词，因此，很多学困生开始进入死循环。他们利用标注中文或拼音的形式记单词，如此反复，单词记忆效果越来越差。

（二）单词表记忆单词

一部分中学生记单词全靠书后的单词表，将单词与语块、句子分割开来，导致大脑存储的是一个个孤立的单词，在实际使用单词时出现单词叠加、堆砌，很难写出一个完整有效的句子的情况。

（三）音标与拼写分离

对于初学音标的中学生来说，一下子很难同时兼顾音标和单词，因此往往在读完音标之后，出现单词拼写错误的情况，如将单词public写成publik，将proud写成pround。

（四）眼中无词性

对于初中学生来说，他们能够记住单词本身的拼写已属不易，且大部分教师只要求学生掌握单词的拼写，对于单词词性的学习缺乏重视。这就导致很多学生无法正确地书写一个语法结构正确的句子，如He is very like Chinese。

（五）一次性学习单词

快节奏的现代社会对学生英语词汇学习产生了一定的影响。我从自身教学中发现，很多学生的词汇学习都是一次性的，即学完一个生词之后，再一次遇见这个单词时，又像面对一个新词。

二、提高词汇学习有效性的方法

基于以上学生词汇学习方法的现状，我参阅了大量词汇教学书籍，结合词汇教学实际，尝试提出以下提高词汇学习有效性的方法，以期有效促进初中生的词汇学习。

（一）字母组合拼读，分音节记单词

初一、初二阶段的单词较短小，学生采用音标拼读、字母组合拼读的方式能有效地记忆单词，如sh，ch，ea，th，ou，学生在反复训练单词字母组合发音、不断积累字母组合发音的过程中，慢慢学会音标拼读与字母书写的关系。

相比初一、初二，初三阶段单词的学习更为复杂，单词表中的单词不再是简单的fish，bird，sky，较多单词为多音节词，字母数较多，如fascinating，international，pronunciation，conversation等多音节单词。学生在看到这些单词的第一眼就会产生畏惧感，但是如果掌握了分音节朗读单词方法，记忆起来就会变得轻松又有趣，如fascinating可以划分为fa/sci/na/ting，conversation可以

划分为con/ver/sa/tion，学生在掌握了音节划分方法之后，学习单词就会更容易。在划分音节的同时，学生还能掌握构词法，如conversation和pronunciation都是以tion结尾，tion为名词后缀。

（二）有效利用单词表，追根溯源学语义

在实际英语学习中，学生通常以学习单词表词汇为主。单词表列在课本的最后，其目的是让学生做到思考和实践并行。在教学中，教师可以引导学生将单词表中的生词追根溯源，找出课文中的原句，如人教版新目标九年级英语上册的seldom这个单词，在单词表中孤零零地存在着，其作为一个副词，使学生很难理解。但是学生通过追根溯源，将其回溯到原文句子When he was a little boy，he seldom caused any problems.中，就会立刻明白seldom的用法，并在原句的基础上仿写句子，如When I was a little boy，I seldom ate candies.这样，学生在语义学习中，不用教师多言，自己便会有效地写出一个句子。

（三）语块学习，事半功倍

一个英语单词的出现绝不是孤立的，相反，它是与其他词相关联的。语块学习能够有效地减少搭配不当、书写错误的情况。著名语言学家Lewis提出，语言不是由词汇化的语法构成的，而是由语法化的词汇构成的。学生在语篇中学习语块，可以提高其词汇运用能力。通过基于中学生认知发展水平的分析，发现初中生在分析句式结构方面存在一定的局限性，而语块学习有助于学生正确掌握单词搭配和句法结构。比如，You have to be prepared to give up normal life.单从单词数量分析，本句共10个单词，也就是说一个学生一个单词记1遍，需要记10遍。但是按照语块分析，本句共5个语块，分别是You，have to，be prepared to，give up，normal life，只需记5遍，大大减轻了学生的记忆压力，同时提高了记忆准确率。

（四）词性是要义

词性的掌握程度会影响学生英语句子的书写和表达。中学生在书写句子的过程中经常出现省略be动词和把名词当形容词用的情况，如He always shyness（他总是害羞）。其原因有：①中文表达的影响；②没有英语动词的概念；③词性掌握得不清楚，导致区分不了shy和shyness。为解决这一问题，教师在日常英语教学中，可以有侧重地将两个书写相似但词性不同的词放在一个句子中，如She used to be shy and took up singing to deal with her shyness.让学生判断

shy和shyness的不同用法，He is patient with patients.让学生区分patient的两个词性，等等。

（五）重复练习

一次性学习词汇会影响词汇学习的持久性，那么怎样学习才会持久呢？在实际教学中，在学生学习完一个单元的单词后，教师可以首先按照单词表顺序进行听写；其次进行二次听写，二次听写以词性分类形式进行；再次进行口头听写，在教师或同学口头念到一个单词后，学生说出该单词的用法；最后让学生运用所学单词进行句子、文章写作。教师可以采取不同形式的词汇测试检测学生英语词汇学习的效果，如通过近义词连线、反义词书写、根据语义填空、根据给出的两个单词写一个小故事等活动进行单词的反复练习，可以有效提升词汇学习的持久性和运用性。

三、词汇教学方法思考

对词汇学习方法的掌握离不开词汇教学，因此，词汇的教学方法也影响着词汇的学习方法。那么，如何有效进行词汇教学？在日常英语教学中，是否需要渗透一定的词汇学习策略？怎样才能让学生保持单词学习的持久性、运用性？这些问题的解决还需要我们在教学中不断探索、思考、总结。

学与教的关系，是互相促进、相互影响的关系。我们要善于在学生的学习中发现教学存在的问题，并在我们的教学中去解决学生的学习问题。词汇学习的方法不是唯一的，但科学的学习方法会更有效地提升单词学习的持久性和运用性。

参考文献

[1] Lewis，M. The Lexical Approach：The State of ELT and the Way Forward [M].
Hove：Language Teaching Publications，1993.

[2] 中华人民共和国教育部.义务教育英语课程标准（2011年版）[M].
北京：北京师范大学出版社，2011.

情境教学法在初中英语词汇教学中的运用

长沙县百熙实验学校（初中部）　王相如

传统英语词汇教学，多为记忆单词表和从课文中习得词汇这两种形式。近年来，《义务教育英语课程标准（2011年版）》要求英语教学注重学生语言交际能力的培养。虽然我国英语词汇教学方式不断革新，但现实却出现了"哑巴式英语"。那么，如何创新课堂词汇教学，提高学生英语词汇学习的效率，让学生快乐学习英语、习得词汇呢？早在20世纪20年代，英国学者帕默（H. E. Patmer）和洪贝（A. S. Hornby）等人就提出了情境教学的理论，他们认为语言教学中最重要的是为学生提供真实自然的语言环境，使学生自然"习得"语言。因此，本文主要从情境教学的定义和特征、英语词汇情境教学的意义以及如何在情境中开展词汇教学等维度进行论述，旨在使英语词汇教学生动有趣，达到培养学生良好的语言交际能力的目的。

一、情境教学的定义和特征

1. 情境教学的定义

关于"情境教学"定义的描述，学界各有说辞。国内学者顾明远先生将情境教学理解为运用具体生动的场景，以激起学生学习主动性的一种教学方法。学者李吉林从辩证视角出发，将情境教学分为"情"与"境"、"情"与"辞"、"情"与"理"、"情"与"全面发展"，认为情境教学是通过创设典型的场景，激起学生热烈的情绪，把感情活动和认知活动结合起来所创建的一种教学模式。西方最早关于情境教学法的论述是由杜威提出的"五步教学法"，又称"问题情境教学法"，即创设情境—发现问题—占有资料—提出假设—验证假设。此外，苏霍姆林斯基也重视自然情境的教育作用。综观教育学界，尽管对情境教学的定义不一，但大致上可以归纳为：情境教学意指在教学过程中，为了达到既定的教学目标，教师引入或创设以形象为主体的具体场景，以促进学生的情感体验，激发学生思维积极性，帮助学生理解教学内容，促进学生心理机能的全面发展，达到最佳教学效果的一种教学方法。

2. 情境教学的特征

情境教学的特征可用形象性、情感性和启迪性来概括。形象性是指情境教学是具体、形象的，其逼真的场景是人可以感知的。情感性是指在情境教学过程中，学生能切实感受到场景的存在，有触"境"生"情"、随"情"入"境"的心理变化过程。启迪性体现在它的意远，由"情感"到"情境"，学生的心理感知不断发生变化。

二、情境教学在词汇教学中的作用

1. 情境教学法重在创设情境，有利于激发学生英语学习的兴趣

英语词汇教学通过制作卡片、图示、生活场景再现、画画等方式，吸引学生英语学习的注意力。对初中生而言，"注意"是他们感知客观世界的第一步，情境的创设有助于吸引学生的注意力，从而激发其英语学习的乐趣。与此同时，在情境中去表达词汇和句子有助于激发学生学习的成就感，让学生感受学习的意义所在。

2. 情境教学法以学生为中心，有利于培养学生学习的自主性

情境教学法主张以学生的交际、交流为中心，学生通过情境交流，形成信息差，从而不断充实自己的词汇库，提升自己的语言运用能力，增强英语学习的自信心。此外，在情境中，学生自主地去交流，充分发挥了学生学习的自主性。

3. 情境教学法具有深刻性，有利于学生持久记忆

人的记忆是有限的，简单的机械记忆很难让人掌握或习得一门语言。正如Swain提出的二语输出更有助于词汇的习得。语言习得需要进行持续的、大量的操练，而情境教学为学生习得英语提供了可能。对于英语是第二语言的人而言，英语习得缺少先天的语言环境。要想习得英语，最重要的是创设环境，其中一个原因便是情境教学具有深刻性。学生通过在情境中反复操练单词、词组，提高使用单词的频率，从而提升习得效率。

三、英语词汇教学在情境中的开展

英语词汇教学如何在情境中开展呢？结合自身教学实际和教学经历，笔者总结出以下四点。

1. 创设实物情境

实物作为最生动、形象的物品，有助于吸引学生的注意力。创设实物情境是情境教学中最为常见的方法之一。借用实物创设场景，不仅可以让学生区分复杂的食物名称、水果名称、花卉名称等，还能丰富学生的人文知识，拓宽学生的认知视野。例如，在学习水果名称时，教师可带领学生去参观果园或水果店，通过感知情境来习得词汇。

2. 韵律歌曲带动英语词汇学习

英语作为一门语言有自己的韵律。在英语词汇学习中，教师通过改编歌曲的节奏，为学生创设一种轻松的氛围，有助于学生习得词汇。比如，在学习 *Numbers* 一课时，教师可以通过编 chant 带动学生学习数字的表达。Zero，zero. Let's say hello. One，two. How do you do？Three，four. Good morning，Bob！Five，six. What's this？Seven，eight. It's a cake. Nine，nine. We are fine. 通过边唱边打节拍，学生便会在轻松愉悦的氛围中学习数字，而且记忆深刻。

3. 多媒体辅助词汇教学

英语词汇的情境教学除了创设真实场景之外，还可以借助多媒体。由于现代信息技术的发展，多媒体使课堂教学实现时空跨越成为可能。教师通过多媒体展示不同国家、不同时期的图片、视频，可以让学生有身临其境的感觉，使学生置身其中，互动交流。

4. 体态创设情境

英语的口头表达需要丰富的肢体语言。体态可以帮助学生理解和学习词汇。比如，当学生学习 *Numbers* 一课时，教师可以通过手指展示，让学生快速反应；在学习情感词汇时，学生通过面部表情来体会和感知单词的情感意义；等等。

英语词汇教学在情境中的开展，不仅可以通过实物、体态、韵律歌曲来实现，还可以借助多媒体信息技术达到英语词汇习得的目的。

以上从情境教学的定义和特征、英语词汇情境教学的作用以及情境中词汇教学的开展三个维度简要阐述了英语词汇教学与情境教学的关系。这给英语教学以启示——英语教学理应创设英语习得的环境，实现语言学习的真实性、情境性，进而实现语言学习的目标，让学生在情境中感知语言、运用语言，提升语言的运用能力。

参考文献

［1］顾明远.我的教育探索——顾明远教育论文选［M］.北京：教育科学出版社，1998.

［2］李吉林.李吉林与情境教育［M］.北京：人民教育出版社，2007.

［3］文秋芳.二语习得重点问题研究［M］.北京：外语教学与研究出版社，2010.

关于初中英语音标教学的几点探讨

长沙县特立中学　王　彦

随着英语学习的普及，越来越多的学习者开始注重音标的学习。众所周知，音标学习水平的高低直接关系到一个学习者的语音、语调和发音的准确性。多年来，我们的音标教学主要针对成年的学习者，很少关注低龄学习者的特点。今天，英语已经成为小学、中学的必修课，英语启蒙教育也呈现出低龄化的趋势。面对年龄越来越小的学习者，如何让他们熟悉和掌握音标呢？在小学和初中阶段，很多教师做出了非常有效的尝试，并且收到了良好的效果。结合教学实际情况，笔者想谈一谈初中年级的音标教学。

一、教师要提高对音标教学重要性的认识

现在的新课标英语教材没有在各单元中编入音标教学的内容，只在课本的后面附了一张音标表，一些教师也就忽略了音标教学的重要性，认为音标教学可有可无。其实不然，英语教学大纲明确指出：学好音标是英语入门的关键，也是练好听、说、读、写的基本功和基础。从目前的英语教学实际情况来看，音标教学有以下几个方面的好处。

1. 音标教学可以帮助学生预习生词

如果不能掌握音标，学生对单词的预习只能依赖教师，导致学习缺乏主动性。一些学习工具虽然有一定的帮助作用，但效果不一定好。掌握音标后，学生可以自主朗读，既增强了趣味性，也避免了常见的"哑巴英语"，提高了学生预习的积极性。

2. 音标教学可以帮助学生朗读并记忆单词

单词是学生学习英语的立身之本，没有一定的单词量，后期的英语学习就无法继续，而掌握正确的读音对记忆单词很有帮助。英语是表音文字，很多单词符合读音规则。学生如果有了音标和拼读知识，便可尽快牢记单词，并能通过发音的规律，联想记忆更多的单词。

3. 音标教学可以进一步提高学生的听说能力

听不懂、说不出是我国英语学习者面临的最大问题。追根溯源，不能正确朗读单词是一个重要的原因，而音标的学习正是解决这一问题的根本保证。

4. 音标教学可以增强学生的学习兴趣

相当多的学生对英语学习没有兴趣，这都是因为不能听、读单词，音标教学既解决了这一问题，也增强了学生的学习兴趣、自信心和主观能动性。

二、教师要把握音标教学的最佳时机

进入初中阶段的学生大多具有三、四年的英语学习经历，但鉴于小学课程的设置对英语学习关注不够，相当多的学生处于"鹦鹉学舌"水平，有一定的听说能力，但发音的准确性却普遍偏弱。虽然一些小学教师在小学阶段的英语教学中加入了音标的教学，但由于小学生身心发展规律的限制，教学效果往往不尽如人意。初中阶段，无论是从课程设置还是从学生身心发展的规律来看，都无疑是学习音标的最佳时机。

初中一年级是学生学习英语的一个兴趣高发阶段。初中一年级的学生有较强的好奇心和模仿力，对学习也有足够的信心和兴趣，此时引入音标教学，往往能收到事半功倍的效果，为以后的英语学习奠定必要的基础。初二年级学习任务增多，知识难度进一步提高，学生在学习中容易产生畏难情绪，两极分化的情况比较多。教师在教学中对音标知识的复习和巩固不仅能检验学生发音的准确性，还能提高部分学生的英语学习能力，降低两极分化的程度。初三年级的学习任务相对比较繁重，但在初一年级的学习和初二年级的复习巩固的基础上，初三年级的学生已经可以利用所学音标知识在学习中进一步提高英语的实际应用能力。

三、音标教学中的几个注意事项

1. 音标教学要有计划、有步骤，循序渐进

有的教师认为音标是一个很简单的教学内容，仅仅用一到两个星期就教完了48个音标。但实际上，由于教学时间短，学生操练时间无法保证，实际掌握效果也就打了折扣。一些学生因此产生音标难学、记不住的想法，对音标的学习也不够重视。所以，教师对音标教学一定要精心设计、详细计划，使教学具有实效性。初中年级的音标教学是一个系统化的过程，教师有必要制订一个长期的教学计划，如初一达到什么目标，教学内容有哪些；初二需要如何巩固和提高；初三如何利用音标知识记忆单词；等等。

经过小学阶段的英语学习，初中一年级的学生具备了一定的词汇基础，初步了解了一些音标的知识，对学习音标有了一定的兴趣，但相当多的学生没有正确的语法常识，一些学生甚至把音标和字母混为一谈。鉴于这种情况，首先，教师要讲解基本的音标知识，让学生树立正确的音标概念，如可先引导学生了解元音和辅音的概念，简单了解音节的常识，能够区分闭音节和单音节、多音节。其次，教师要引导学生掌握元音和辅音的发音等。有些教师担心初中生特别是初一年级的学生不能理解语法概念，因此刻意不去讲解，希望学生能自己领会。笔者认为，对于初中生来说，讲解语法知识很有必要。学生了解了语法知识，有助于他们建立起英语学习的框架。框架建立了，以后的英语学习就不再是空中楼阁。在实际教学中，教师要根据学生的具体情况，控制语法讲解的深度和难度，确保学生能够理解和掌握。

音标教学要遵循先易后难、先少后多的原则，避免急于求成。在前期的基础知识学习之后，后期的学习和巩固一定要跟上。尽管在初一年级学习了音标知识，但一些学生还不能完全掌握，有些学习内容随着时间的推移甚至会逐渐被遗忘。进入初二，教师要在课堂教学中不断引导学生巩固、强化音标知识，要随时关注学生在学习中出现的问题，不断纠正，查漏补缺。初二、初三年级的音标教学要引导学生从初一年级的基础知识学习转化为延伸和拓展阶段的学习，使学生能自如地掌握发音技巧，早日突破语音关，为以后的英语学习奠定基础。

2. 教师要讲究教学方法，运用多种手段提高学生的学习兴趣

对于音标的教学，很多教师都是从发音开始教起：先学习元音、再学习辅

音，导致48个国际音标的发音还没有学完，相当多的学生就对音标学习产生了畏惧情绪，丧失了学习兴趣。鉴于这种情况，教师在教学中要注意保持学生的学习兴趣。笔者在教学中提出了"重元音，轻辅音"的方法，即让学生先学习元音，辅音的学习在教学元音的同时穿插进行，让学生慢慢领会、应用，不要求学生马上掌握。

以［i：］［i］两个元音为例。教师读出单词sit和tea，请学生辨别两个单词中的长音和短音，进而提出这两个元音。在学生掌握了发音后，教师再引导学生进一步练习。练习的形式可以选择听音辨别或填入所缺的元音，如：

tea A.［i：］　　　　B.［i］

sit A.［i：］　　　　B.［i］

在这两个元音的学习过程中，学生自然了解到s和t两个字母的发音为［s］和［t］。在教学中，教师可以把元音和辅音混合编组，把48个音标分成8组来讲解，如把［i：］，［i］，［p］，［b］，［d］，［t］分为一组。

教师可以采取多种教学方式和手段，如用图片、PPT、动画片等多种形式，以形象、直观的方式，激发学生的学习兴趣和积极性。课堂教学设计要充分调动学生的主观能动性，避免机械、枯燥的教师带读、学生跟读的传统模式。有的教师在教学中一味地让学生反复朗读，一些学生因此很快丧失了学习的兴趣，学习的效果也就可想而知了。教师在课堂中常用的活动形式一定要多种多样，避免枯燥乏味。

例如，记忆游戏，教师可以先让学生看一些音标卡片，几秒钟后再让学生复述出来；抽出其中的几张，请学生找出"丢失"的卡片。听读音标竞赛，教师将音标卡片发给学生，教师读出一个音标，拿到相应音标卡片的学生迅速站起来；教师读出单词，拿到含有单词中音标的卡片的学生举起卡片；拼读游戏，教师读出音标，学生拼出相应单词。

3. 教师要及时反馈，给予学生积极的评价

在音标教学中，及时反馈非常重要。在学生学习了一些音标后，教师要在课堂教学中设计相应的练习，让学生反复操练。教师要关注到学生的个体差异，随时纠正学生不正确的发音，将发音训练贯穿英语学习的整个过程，而不仅仅是学习音标的那段时期。教师在教学中要不断重复学过的音标知识。除了必要的练习，教师还要组织一些诸如朗读、笔试、竞赛等活动，为学生提供展示所学知识的机会，让学生体会到成功的喜悦，使学生的学习热情更加高涨。相当多的初中生往往在初始阶段学习热情比较高，一段时期后就有点松懈了，很容易放松自己，这个时候，教师对他们的积极评价就很重要了。美国教育评价专家斯塔弗尔比姆认为："评价最重要的意图不是为了证明（prove），而是为了改进（improve）。"积极评价既是激发学生学习内在潜能的重要手段，也是提高学生持续学习能力的重要途径。教师善于运用鼓励和激励的教学方式和手段，不仅能提高学生的学习兴趣，还能使学生在学习中始终保持一种乐观向上的态度，产生强烈的探索知识的欲望。教师在教学过程中要做一个有心人，认真关注学生的每一次进步，及时鼓励学生。很多时候，教师的一个动作甚至一个眼神，都会对学生产生积极的作用。

总之，音标是学生在初中阶段重要且必要的一个学习内容。通过音标教学，可以为学生以后的英语学习打下坚实的基础，扫除学习英语的最大障碍。笔者希望教师在教学过程中能够不断探索和实践，抓好音标教学工作。

参考文献

［1］王华，富长洪. 形成性评估在外语教学中的应用研究综述［J］. 外语界，2006（4）：67-72.

［2］徐海论. 傻瓜单词拼读［M］. 北京：海天出版社，2014.

［3］宇文刚. 谁说国际音标不能这么学［M］. 长春：吉林出版集团有限责任公司，2009.

管中窥豹：浅谈初中英语课堂的导入艺术

长沙县松雅湖中学　银　洁

　　课堂是英语语言教学最重要的场所，而课堂教学的导入是极为重要的一个环节。有效的导入可以吸引学生的注意力，预示主题，带入情境，激发学生的学习兴趣，引起学生的好奇心，刺激学生的求知欲，营造轻松愉悦的英语学习氛围，引导学生更好地运用本堂课的知识进行交流。本文将结合笔者的日常教学经验，探讨作为初中英语教师，我们在英语课堂教学过程中如何巧妙地设置导入这个重要的环节。

一、聊天寒暄法

　　第一种最简单的导入方法是聊天寒暄法。此种导入方法的优点在于简单易操作，能够迅速拉近教师与学生之间的距离，让学生感受到教师的亲和力。七年级的学生，尤其是农村学生，许多都是英语初学者，他们来到新的学校，认识新的英语教师，接触一门新的语言，大多数都需要一段适应的过程。例如，Starter units1~3这几个单元的教学内容较简单，课堂导入以聊天寒暄开始，能够快速让学生认识英语这门语言与新的英语教师。一句简单的How are you? 或Nice to meet you! 不仅能让学生感受到教师的关怀，也能让学生明白英语是交流的工具。另外，此种方法的运用还可以安排在寒暑假结束后每个学期开学的第一节课。结束了长长的假期，新学期的第一堂英语课采用聊天寒暄法开始，一方面能够锻炼学生的英语表达能力；另一方面能帮助学生调整假期散漫的状态，引导学生快速进入新学期的英语学习中。在八年级上学期开学第一节英语课学习*Where did you go on vacation?* 时，我们若采用聊天寒暄法导入，与学生一起讨论暑假的游玩经历，则既能活跃课堂气氛，又能迅速进入新的单元和话题的学习，达到一举两得的效果。

二、温故知新法

第二种常见的导入方法是温故知新法。"温故而知新，可以为师矣。"初中生接触英语时间少，缺乏语言学习环境，而根据艾宾浩斯遗忘规律，处于青少年时期的他们，往往通过强记、速记来完成课本知识的学习。遗忘的规律是先快后慢，如果教师能在日常的英语教学中使用温故知新的导入方法，就能更好地让学生巩固已学知识，促进其对新知识的领会与把握。七年级下册第十一与十二单元的重点语法知识都是一般过去时，它们的区别在于第十一单元主要学习含有be动词的一般过去时，而第十二单元主要学习含有实义动词的一般过去时。这些知识对于七年级学生来说，既是重点又是难点。因此，在开始学习第十二单元前，教师可以采用温故知新的方法进行导入。教师首先带领学生回顾第十一单元中比较典型的句型和语法知识，然后引导学生发现第十二单元中的新知识点与之的区别，如提问How was your school trip? 与What did you do last weekend? 在句式结构和时态规则方面有哪些区别。教师设置疑问，以熟悉的知识引出全新的知识点，能够起到事半功倍的效果。

三、影音导入法

第三种导入方法是影音导入法，这也是学生最感兴趣、最能活跃课堂气氛的导入方法。新课程标准和英语核心素养的培养都要求英语教师能够具有较高的信息技术水平，能做到信息技术与英语学科的深度融合。在英语教学中，是否能熟练使用信息技术软件处理影音素材，已经成为新时代衡量英语教师是否具有教学核心素养的重要标准。而且，对于初中学生来说，图片与视频等视听媒体能够快速地吸引他们的注意力，激发他们的学习兴趣与求知欲。加之学科核心素养的培养要求学生拥有良好的文化品格，也就是学生不仅要掌握语言知识，也要掌握语言背后的文化知识。因此，教师选择合适的图片或视频素材进行课堂教学导入，不仅可以培养学生英语学科核心素养，也可以提升课堂效率。例如，在学习八年级上册第八单元Section B阅读文章*Thanksgiving in the United States*时，我们可采用视频与图片导入法，选择一些与感恩节有关的图片，如Turkey，Indians，Family dinner等进行导入，也可以在网上搜索感恩节起源的相关视频，进行资源的有机整合，使用会声会影软件为视频配音或添加英文字幕。利用这些影音材料导入课堂是一种非常高效的导入方法，能极大地丰富课堂内容，扩充课堂容量，迅速激发学生的学习兴趣，也能为课堂教学的开展做充分的铺垫。

四、设置情境法

第四种导入方法是设置情境法。这种方法也是近年来特别流行、被广泛使用的一种方法。设置情境法起源于20世纪30年代，是指在教学过程中，教师有目的地引入或创设具有一定情感色彩的、以形象为主体的生动具体的场景，以使学生获得一定的情感体验，从而帮助学生理解教材，并使学生的心理机能得到发展的教学方法。教师创设情境能够让学生身临其境，寓教学内容于具体情境中，让学生不知不觉地进入新内容的学习，有着潜移默化的暗示作用。例如，在进行八年级上册第九单元*Can you come to my party*? 的新课导入时，我们可以创设情境，引入party这一话题，假设自己的birthday party就在下周，为了更好地举办这场birthday party，需要同学们的帮助。由于话题与教师及学生的生活紧密联系，能更好地拉近师生之间的距离，激发学生对教师的喜爱与尊重，并且顺其自然地为后面的新课做充分的铺垫。

以上是笔者在教学过程中总结出的几种常见的导入方法。总而言之，在初中英语课堂教学过程中，导入起着至关重要的作用。"良好的开端等于成功的一半"，精彩有效的导入，能帮助教师顺利地引入新的知识点，把握课堂的节奏和气氛，也能迅速吸引学生的注意力，激发学生浓厚的学习兴趣，缓解学生对新知识的焦虑和迷茫，充分发挥学生学习的自主性。在课堂教学中，英语教师应当根据教学内容和学生的学习现状及特点灵活使用不同的导入方法，以期取得最佳的课堂教学效果。

站在学生的角度思考教学

长沙县广福中学　陈光鑫

　　今天的这节课是一节普通的周五自习课，学生们都一如既往地做着各科作业，同时充满期待地等着下课铃声响起，因为这意味着他们又将迎来一个快乐的周末。但这节自习课对于我来说却是一节不那么普通的自习课，因为两名学生向我提出的问题让我对教学有了更为深刻的思考。

　　作为一名七年级的班主任，我同往常一样站在讲台上，看着一个个脸庞稚嫩的学生在认真地写着各科作业。这时候，成绩优异的小宇缓缓地从座位上向我走来，随即指着一道数学题目向我问道："老师，这个'股'和'涨跌'是什么意思呀？"这时，我感到一丝惊讶与好奇：到底是什么样的数学难题能够难倒我们班这位优秀的尖子生呢？我仔细阅读了题目，然后瞬间就明白了。原来这道题目是以股票为背景、考查学生正负数加减法运用的计算题，题干中出现的"股"和"涨跌"均为股票专业用语。我微微一笑，立刻向他进行了简单的股票知识介绍，这时的他摸了摸脑袋，似乎仍有一丝不解。随即，我又用易于理解的话语解释道："这里的'股'是一个量词，你可以简单地理解成'个'，申购了'几股'股票就类似于购买了'几个'股票。而股票就类似于一种会有价格变动的商品，如我们日常购买的猪肉，经常会有价格的上涨或下跌。"听到这个解释，小宇转动眼睛思考了一下，微微点头道："我明白了，谢谢老师。"然后带着满足的微笑回到了自己的座位上，继续写作业。

　　我们深知教学必须以学生心理发展的水平和特点为依据，遵循准备性原则，也就是必须根据学生原有的准备状态进行新的教学。瑞士著名心理学家和哲学家皮亚杰提出影响认知发展的因素有四个：成熟、练习与经验、社会性经验以及平衡化。其中，社会性经验指的是社会环境中人与人之间的相互作用和社会文化的传递。而小宇提出这个问题正是由社会性经验的缺乏所导致的，而这些问题往往会被已经具有丰富社会性经验的教师所忽略，他们难以察觉到学生的社会性知识需求。因此，在教学中，我们应该从学生的已有知识和思维特点出发，转换位置思考问题，或许会对如何教学有新的认知。

正在我感悟之际，我发现坐在后排的小铭默默地举起了手，似乎也要提问。我随即向他走去，这时，平时稍显内向的他指着英语书词汇表中的"Good morning！"向我问道："老师，这个'Good morning！'为什么是'早上好！'的意思呀？"一时间，我有点没反应过来，不懂他的问题具体所指的意思。这时小铭继续问道："为什么'早上好！'是'Good morning！'而不是'Morning good！'呀？"直到这时我才反应过来他的问题是什么意思。因为"morning"是"早上"的意思，"good"是"好"的意思，所以他理所当然地认为"早上好！"应该是"Morning good！"从而对"Good morning！"这种表达有了深深的疑惑。猛然间，我有了一种深深的感触，因为我从未从这个角度思考过这个问题，这给了我一种新的思考方向。

语言是一种认识世界的工具，某一语言中的词汇结构体系和语义结构体系反映了该语言群体认知世界的方法，所以对于想要掌握某一语言的基本词汇和基本语法结构的外语学习者来说，其外语词汇和语义结构的学习必然会受到母语词汇和语义知识的影响。而小铭的这种疑惑正是外语（英语）和母语（汉语）之间的差异所导致的，而作为英语教师的我却鲜少想过这个问题对英语初学者的影响。但也正是这个看似难以解释的问题让我能够站在学生的角度重新思考，让我对于自己的教学有了新的审视，让我深刻地感受到母语在外语习得过程中复杂而又重要的作用。如何利用学生的母语知识，促进正迁移，减少负迁移，这将是我在今后的英语教学中应该注意思考的问题。

突然间，铃声响起。学生们迅速地开始收拾书包，和我道别后，纷纷奔向学校大门，迎接属于他们的快乐周末。而我也在确保学生被家长安全接走后回到了办公室，带着一种收获满满的感觉。

这时，我刚好看见我们班数学老师杨老师也在办公室，我随即和他聊起刚刚小宇提到的数学问题，建议他在下周的练习题讲解中加入简单的股票知识介绍，以方便学生们理解题目，杨老师也表示赞同。从学生的角度审视教学过程，的确会让教师有新的教学思考，从而找到更适合学生的教学方式和策略。而我，也在周一的英语课上谈起了汉语和英语的差异，自然地聊起了语言中"语序"的概念与差异，看到小铭的眼睛，我便知道他心中的疑问得到了解答。

教学是由"教"与"学"两方面组成的双边活动，因而具有双边性，两者只有在共同目的的指引下，默契配合、相互作用，才能确保教学任务高质量地完成。如果一味地强调教师的主导作用而忽视学生的主体作用，那么教育活动将只是教育者的独舞，不会有好的效果。反之，教师如果能够站在学生的角度，更加贴近学生，更加贴近他们的思考，那么一定会有意想不到的"惊喜"，而这种"惊喜"一定会让教育者重新审视自己的教学，找到更加适合学生的教学方式与策略，进而提升教学效果。

参考文献

［1］陈琦，刘儒德.教育心理学［M］.2版.北京：高等教育出版社，2011.

［2］王道俊，郭文安.教育学［M］.6版.北京：人民教育出版社，2009.

［3］束定芳，庄智象.现代外语教学：理论、实践与方法（修订版）［M］.1版.上海：上海外语教育出版社，2008.

巧用课堂机智

长沙县梅花中学 李 焕

作为教师，我们不仅要有过硬的专业知识和高超的教学技能，还要有能够灵活地处理各种学生问题的能力，这是教师个人综合素质的体现，也关乎教师教育学和心理学的理论知识和实践，更是教师多年教学经验的体现。课堂机智包罗万象，就地取材，因势利导，经常会取得意想不到的效果。

一、随机应变

马卡连科说过："教育的技巧在于随机应变。"一个班，四五十个学生，一节课45分钟。尽管教师在课前钻研教材，精心备课，但在课堂上往往还是会有出乎意料的事发生，有时学生还会提出一些与教学内容无关的事，甚至有些学生故意刁难教师。然而，不管何种情况，如果处理失当，都可能影响教师的威信，影响学生对教师传授知识的信任度及学习效果，影响师生的正常交际，这就需要教师在瞬间做出机敏的判断，及时化解危机。

有一次英语课讲到了比较级。为了让学生更形象直观地比较，我选择了班上的两名身高相差悬殊的男生进行比较级的提问：Who is taller, Xie Liuqi or Lou Zijian? 同学们开始发笑，并且很容易地说出了答案：Xie Liuqi.Xie Liuqi is taller than Lou Zijian.可是娄子健当时脸就红了，显得非常尴尬，感觉别的同学都在笑话他的身高，而谢柳琦也露出了一副"高高在上"的神情。我怕学生的笑会造成娄子健的自卑，于是灵机一动，又想出了另一个句子："Who is more outgoing, Xie Liuqi or Lou Zijian？"学生们马上收住了笑声，回答说：Lou Zijian.我顺势又问了一句："Who works harder, Xie Liuqi or Lou Zijian？"

学生们又快速地说出了答案：Lou Zijian。这下同学们都向娄子健投去了赞赏的目光，而娄子健也有些不好意思，但似乎找到了自信，露出了甜甜的笑容。此时，我又因势利导，对学生进行情感价值观教育：每个人都有自己的长处和短处，要善于发现自己的闪光点，我们可能在某一方面不如别人，但在其他方面又可能比别人强。我们都要对自己充满自信，因为每个人都是独一无二的。而对于其他人，我们也不能嘲笑，应该给予尊重。外貌只是人的一方面，更重要的是人的品质。我们也要不断提高自己的素养，在学习上多下功夫，努力学习、奋发向上的同学更受欢迎。通过这一事件，我不仅让学生练习了比较级的使用，更塑造了学生正确的价值观，也成功避免了尴尬。

二、启发诱导

孔子说："不愤不启，不悱不发。"孔子启发诱导的教学思想，是我国古代教育思想的精华，也是课堂教学机智的本质特征。启发诱导，就是依据学生思维的发展趋势，引导学生调动已知去认识未知，运用已能去解决未能。在教学时，教师的机智往往表现在由近及远、由浅入深地开拓学生的思路。

在学习完成时have been to和have gone to的时候，我问学生怎么区分这两个短语。一个学生举手了，我满心欢喜地以为他会回答我的问题，结果这名学生说：我不能回答你的问题，我要上厕所了。全班哄堂大笑。我当时有些尴尬，好不容易营造的课堂氛围就这样被破坏了，我竟有些无语。但我转念一想，去上厕所刚好可以印证have gone to的用法。于是我应允了这名学生，并要求他五分钟之内回到教室，并且教育他在下课的时间解决好这些问题。在这名学生上厕所的间隙，我问其他学生：Where is Wu Nianxin？学生回答：He is in the toilet.然后我教学生：He has gone to toilet. 五分钟后，这名学生回来了，我问其他学生：Where is Wu Nianxin now？学生回答：He is in the classroom. 我又教学生：He has been to the toile. 那这两个词组有什么区别呢？学生轻而易举地总结出：一个是去了没回来，一个是去了回来了。通过课堂上一个小小的插曲，我启发学生找到这两个词组的区别，顺势化解了尴尬，把被打破的课堂气氛重新营造起来，提高了课堂效率并增强了学生的学习热情。

三、活跃课堂

机智幽默的表达可以活跃课堂气氛。我们学校是小学、初中混合的学校，有一次我在上课的时候，有几个小学生在教室门口围观，很快就吸引了不少同学的注意力，但是我不能过去让小学生直接走开，这样只会让全班的学生都关注这些小学生，也会打断课堂思路。于是，我灵机一动，说：这些低年级的小弟弟小妹妹想看看他们的哥哥姐姐们上课认不认真，坐姿标不标准，是不是积极举手回答问题。学生们的注意力立马回到了课堂，他们调整坐姿，认真听讲，并积极举手发言。可见，巧妙地运用课堂机智、灵活地处理问题可以收到更好的教学效果。

教学中总会遇到各种各样出乎意料的问题，尽管教师可以在课前做充分的准备，但是再有预见性的教师也不可能预料或防止课堂偶发情况的出现，再周密的教案也不可能为偶发情况事先设计好具体的解决方法和步骤。因为教学环境不可能是完全封闭的，更何况课堂教学是师生的双向交流活动，教师面对的是活生生的人，不能不顾他们的反应而只顾照本宣科。作为指导教学活动的教师，对于偶发情况是始料不及的，教师对问题的处理也是即时的，处理方法带有很强的直觉性。因此，教师应具备敏锐的观察力、准确果敢的判断力、巧妙的随机应变能力以及在各种复杂情况下和困难条件下对各种信息进行选择和加工的能力。教师要善于引导学生独立地进行学习和思考，教给学生正确的学习方法和思维方法，这也正是教师教学机智的折射。

课堂机智不是一朝一夕形成的。要机智地处理偶发事件，教师必须做到掌握分寸、宽严相宜，对待学生必须有爱心和耐心，给予他们更多的宽容和信任。教学是一门技术，更是一门艺术。教师要不断提高自身修养，培养高尚的情操，认真钻研课本，用心倾听、用心观察、用心体会；坚持反思教学方法、教学行为、教学理念，积累经验。只有这样，教师才会拥有睿智的头脑、灵活的教学方法去驾驭课堂，去机智地解决教学中出现的每一个偶发事件，课堂教学才会更加精彩纷呈，才会取得令人喜出望外的教学效果。

浅谈课堂师生冲突的问题、原因及对策

长沙县泉塘中学　唐羽弘

　　课堂是教学活动的主要途径和重要载体，教师和学生是教学活动中的两个重要角色，两者之间的良性互动关系对实现高质量的教学活动具有重要作用。教师在课堂教学活动中起着引导和促进的作用，在课堂师生冲突的控制和调节中占据主导地位。本文从教师视角出发，发现课堂师生冲突暴露的问题，并分析问题发生的主要原因，进而提出相应的解决对策，以促进教师对课堂师生冲突的理解，提高其应对冲突的能力。

一、课堂师生冲突暴露的问题

　　在课堂教学过程中，部分教师对学生发展的认知不足，易以教师和教材为中心，强调"教师权威"，忽视以学生为中心来组织课堂教学的原则，这就容易形成课堂师生冲突，具体表现为以下几个方面。

1. "教""学"目标物化，对课堂教学理念理解片面

　　教师的教学任务和学生的学习目的被固化为"分数""升学率"，因而培养会考试的学生成了教师课堂教学理念的核心。在这种课堂教学理念中，教学活动被定义为一种简单的授受活动，即以教材和教师为中心，向学生传递科学文化知识。在"知识转移"的教学目标的指导下，课堂教学很容易成为机械的、单调的认知活动，教学过程缺乏人文性与艺术性，尤其缺少对学生情感态度与价值观的教育。事实上，"知识传递"只是教学目标的一个方面，而学生是富有情感和充满个性差异的个体。

2."教""学"角色固定，课堂师生关系僵化

在"知识传递"课堂教学理念的指导下，课堂教学中的师生关系容易被固定为"控制与服从"的关系，即教师所教授的内容和所运用的教学方式很少受到质疑，而学生也仅仅被当作知识的被动接受者，缺乏对知识的思考和质疑，学习的主动性和探索性不足。"教""学"角色的固定，使得课堂师生关系僵化，师生只是知识的传递者和接受者，缺乏对各自角色的激情和创新，缺乏有效的师生互动，师生之间的合作交流更是无从谈起。随着学生自主意识的日益增强，学生的反抗行为不断地挑战着教师"控制"的权威，"控制"的有效性也日益减弱。事实上，教师需要认识到学生的独立和自主是其成长的必经之路，师生关系也不需要再依附于传统的"控制与服从"。

3."教""学"手段单调，课堂管理方式单一

片面的课堂教学理念和固定的师生关系，使得在课堂管理方面，课堂纪律通常被作为最重要的管理内容。学生必须无条件地遵守教师所制定的各种规则，一旦有所违反，则容易造成与教师之间的冲突。随着学生个性的不断凸显，课堂纪律的内涵也应该得到拓展。"课堂管理"要超越"学生纪律"，凡是教师为了促进学生同心协力地参与课堂活动、创建生气勃勃的教学环境而做的一切事情，都应包括在课堂管理这个概念中。

二、课堂师生冲突问题产生的原因

1. 教育目标功利化

教育本应是为了学生的全面发展，注重学生的创新能力和道德价值观的塑造，但在今天，当人们谈论"科教兴国""知识经济""创新"等概念时，仅提到了教育的经济功能。这种功利化教育在社会层面成为政治经济的"侍女"，在个人层面则成为谋取名利、攀登高枝的工具。这种功利化教育理念带来的后果是课堂变成了"流水线"，教师变成了"教书匠"，学生变成了"产品"。教师对学生的兴趣爱好的关注、情感和心灵上的关怀、个性发展的引导，都成了空中楼阁。师生交流变得单一、机械，缺乏情感价值观层面的交流，导致师生之间形成了一道鸿沟，为师生冲突埋下了隐患。

2. 师生角色固定

课堂互动应该是一个建构的过程，教师和学生在课堂教学过程中相互理解、相互促进，以达到教学的目的。

在"以教师为中心"的传统教学理念的引导下，课堂上师生角色呈固定状态，教师在教学中的角色被固定为知识的传递者，以功利化的教育理念对学生进行管教。为了保证课堂教学活动的顺利进行，教师往往会要求学生遵循其教学意图，并配合完成设计好的教学环节，一旦出现意料之外的课堂表现，教师则会认为是学生"不配合"或是"捣乱"，从而引起课堂师生冲突；而学生的角色则被固定为知识的接受者，相对处于服从和顺从的地位，师生的角色属于"管教和服从"的关系。然而，随着学生独立自主能力的逐渐增强，教师的权威不断受到挑战，师生角色上的差异如果协调不当，就容易引起冲突。重塑师生角色，成为改善课堂师生关系不可或缺的内容。

3. 课堂组织能力不足

课堂管理技能既包括对课堂不良行为的控制，又包括课堂教学活动的开展。在传统课堂管理中，教师过度关注课堂上学生的不良行为，且通常是以说教、惩罚等方式进行处理，形式单一、粗暴，忽略了对学生基本心理需要的了解和关注，有效的课堂组织和管理技能更是无从谈起。一方面，课堂管理缺乏有效的计划和组织。教师课堂管理技能不足首先表现在未能制订出全面有效的课堂管理计划。当课堂不良行为出现且影响教学活动的正常开展时，教师往往只能采用强行压制的方式简单处理，未能涉及学生问题的根源，使得问题的解决只停留在表面，导致课堂冲突容易反复发作。另一方面，课堂管理缺乏对学生的观察和了解。"以教师为中心"的传统教学理念使得教师在管理课堂时，容易忽视"以生为本"的重要性。随着学生自主能力的增强以及内心情绪体验的丰富，他们不断地对教师的管教提出挑战。教师必须仔细研究和观察自己的学生，充分了解和把握其思想动态和行为习惯，否则在出现课堂冲突时，容易造成难以沟通甚至无法控制的局面。

三、课堂师生冲突问题解决的对策

1. 树立以生为本的理念

"以生为本"，即尊重学生人性的发展，意味着课堂教学要尊重学生的主体性。主体认识使学生在学习时能发挥自身的能动性，理解和内化课堂中的教学内容。学生主体性主要体现在两个权利上，即学生的选择权和发展权。教师为学生制定统一的"内容"和"标准"在一定程度上剥夺了学生的选择权；在功利化的教育目的的指导下，教育教学资源会偏向于学业成绩优异者，相比之下，成绩较差的学生在竞争之前就已渐渐失去了发展权。尊重和平等地对待学生，是学生人性发展的基础。

尊重学生的人性发展意味着课堂教学要善于挖掘学生的创造性。创新是人类发展的灵魂，创造能力是学生自我提升的关键。摆脱"唯教材论"，鼓励和激发学生的批判精神、探索精神是培养学生创造能力的核心。单一的教学评价模式抑制和僵化了学生的发散性思维，多元化、形成性的评价模式才是培育学生求知欲的土壤，才能发展学生的多元思维，促进学生的人性发展。

2. 重塑教师角色

教师是教育的主体之一，承担着教育的基本任务。教师要打破教书匠的角色，以关注学生本身为出发点，确立学生"成人"先于"成才"的目标，重塑教师角色。

（1）树立多元文化观。师生在价值观方面的冲突直接反映出传统"教师权威"的一元文化观念已经不能适应现在多元文化观的时代要求。对于学生主体的"亚文化"，教师不能一味地排斥、压制，要求学生全盘接受传统的主流文化，而应该树立多元文化观，把主流文化和学生的"亚文化"置于平等的地位，提倡主流文化的同时，理解和尊重学生的"亚文化"。师生之间要相互交流思想、平等对话，预防冲突的发生。

（2）建立对话式师生关系。被关心是学生的基本需求，尊重和赞赏是教师关心学生的表现方式，也是建立对话式师生关系的重要因素。不体罚、指责、冷落、嘲笑以及随意评论学生是尊重学生的具体表现；表扬学生的爱好，赞美学生取得的哪怕是微小的进步，赞赏学生对教材、教师的质疑行为，形成民主、平等、融洽的师生关系，是预防课堂师生冲突的有效方法。

3. 促进课堂组织人性化

课堂组织人性化是指教师要树立"以人为本"的理念，在课堂教育教学过程中营造一种尊重、相信、交流、互助的氛围。当今社会各种文化交流日益加强，其中的渗透、碰撞乃至矛盾冲突已难以避免。今天的学生自由发展的空间更大了，选择的机会更多了；但与此同时，压力更大了，困惑更多了。因此，课堂组织中的人性化需求日益明显。

一方面，教师管理需要人性化。"以教师为中心"的管理理念能促进教师的专业发展和学校管理。在此理念的指导下，学校要重视教师对学校事务的参与和创造，发扬教师的主人翁精神，通过各种方式和途径让教师参与到学校工作中来，这既有利于增强教师的工作责任感，也有利于教师自我价值的实现。此外，教师的参与提高了学校工作的透明度，增强了教师的归属感。另一方面，学生管理需要人性化。学生希望通过教育达到最高的发展——人的自我教育，不断完善的人性才是真正完美的人性。也就是说，学生管理要树立"以生为本"的思想，正视并关注学生的个性，为学生提供多元化的发展途径。

四、结语

课堂师生冲突是一个老话题。本文尝试立足于教师角色，从课堂主导者的视角对课堂师生冲突进行了浅显的研究，但对课堂师生冲突的理论基础理解粗浅，对课堂师生冲突中的教师角色内涵分析不够深入，对影响教师处理课堂师生冲突的各类因素分析不够全面，希望得到专家学者的指导和指正。同时，希望今后的研究能在实践中总结经验和反思不足，不断发展和创新。

数字化教学资源在初中英语教学中的有效应用

湖南师大附中星沙实验学校　　李登均

在数字化教学环境下，教学方法和手段愈加多样化，微课、翻转课堂逐渐进入我们的视野，投影仪、电脑、电子黑板也实现了与传统的黑板、粉笔的融合。经济的飞速发展，使得多媒体设备在各地得到了普及，这为多媒体课件的应用提供了便利条件。多媒体课件集动画、图像、文字、声音等功能为一体，充分激发了学生的学习兴趣，优化了课堂活动，增加了课堂容量，提升了教学效率。与此同时，一些缺点也暴露了出来。初中学生正处于小学和高中的过渡阶段，有着这一阶段学生独特的身心发展特点，因此，如何根据他们的特点合理、有效地使用多媒体课件是一个值得研究的问题。

一、运用多媒体教学，增强学生的英语学习兴趣

多媒体资源是课堂教学的有效辅助性工具之一。它在初中英语课堂教学中满足了课堂改革的要求，同时能够培养学生对英语学习的兴趣，提升了课堂教学效率。多媒体虽然是教学的辅助工具，但在初中英语教学中发挥了很大的作用，其提供的多样化的课堂学习方式让学生兴趣更浓厚，充分调动了学生的学习积极性。

多媒体教学能够帮助初中生直观地理解词汇、句子和文章，帮助学生更好地掌握学习内容和突破重难点。对于初中阶段的学生来说，他们正处于叛逆期，英语作为外国语言，学习起来存在一定的困难，而且语言类的学习过程比较枯燥。然而，多媒体教学的出现可以改变这一现状。教师可以在多媒体课件中插入图片、语音、Flash动画以及视频等内容，把英语的意境体现出来，从

而吸引学生的注意力，培养学生的学习兴趣，活跃课堂学习氛围。

多媒体教学可以从视频、图片、声音等不同角度诠释重点英语知识，激发学生在课堂学习中的积极性。因此，初中英语教师要善于发挥多媒体教学的优势，诠释教学重点，让学生积极思考、主动学习，提升综合学习质量。例如，在人教版英语七年级上册Starter Unit 2 *What's this in English?* 的教学中，教师为提升学生的英语学习兴趣，可以开展"In English"活动：首先在课堂中展示单词，如dolls, books, computers, apples, oranges, bananas, cups, glasses, medicines等；接着引导学生积极参与英语课堂中的互动学习，相互提问"What's this in English?"回答"This is a cartoon doll."提问"What's this in English?"回答"This is my favorite apple."教师应用多媒体构建环境基础，创建课堂教学活动，让学生在活动参与中感受英语学习的魅力，提升学生在英语学习中的感悟力，增强学生的学习兴趣。教师可以根据学习内容，使用一些学校、学生等的图片、音频，让学生更快地掌握新词汇，并借助图片来强化学生对所学知识的掌握。这样不仅可以使教学形式更加多样化，还能够活跃课堂气氛，充实教学内容，使乏味的知识变得生动形象，帮助学生通过视听双重感官刺激加强学习，激发学生的学习兴趣。

二、借助网络广播以及影视资料，不断提升学生的英语听力水平

英语口语能力直接影响学生在生活中应用英语知识的能力。因此，教师要善于通过网络教育资源开展教学，提高学生的英语口语水平，让学生主动在生活中应用英语完成简单交流，以此保证英语学习的实效性，促使学生取得综合全面的学习成果。现阶段，一些英语广播以及影视基本都是网络电子版，并且可以实现点播。因此，在具体的初中英语教学工作中，针对英语听力教学这一环节，教师可以组织学生收听BBC（British Broadcasting Corporation，英国广播公司）的节目以及美国的VOA（The Voice of America，美国之音）等，特别是VOA，其中涵盖了Special English板块，完全能够满足学生的学习需求，适合学生收听。同时，学生可以在猫头鹰剧场以及影视之家等网站观看比较感兴趣的电影，既能欣赏电影中的各类情节，又能提升自身的英语水平。此外，网上也有很多专门为EFL（English as a Foreign Language，英语作为外国语）或ESL

（English as a Second Language，英语作为第二语言）学生所设计的网站，这些网站除了可以为学生提供听力材料之外，还为学生提供了相应的配套练习。当然，在课后，教师也可以要求学生在网上收听英语类的新闻节目，包括雅虎英文网站等，让学生可以更直观地了解世界各国的新闻，收听地道的英语节目，提升自身的英语水平。

例如，在人教版英语七年级下册Unit 3 *How do you get to school?* 的教学中，首先，教师应用网络教育资源为学生展示影视中与学生上学所用的不同的交通工具，如bus，bicycle，car，plane，train，ship，high-speed rail，subway等；接着，让学生在课堂中完成交流，阐述自己去学校的方式，并简单描述相应的交通工具，如I go to school by bike every day. Bicycle can help people exercise，appreciate the roadside scenery carefully，and closely contact with nature.或者I go to school by bus every day. Buses can maximize the use of resources，reduce vehicle exhaust，protect the environment，and improve speed. 教师借助网络教育资源，能够促进学生主动交流，强化学生的口语应用能力。

三、利用多媒体课件创设各种情境，丰富英语教材内容

多媒体教学方式在初中英语课堂教学中的应用会辅助教师构建轻松愉快的课堂教学氛围，保证学生在课堂学习过程中的积极参与，激发学生的学习兴趣。教师通过多媒体课件诠释重点知识，会提高学生的学习质量，让学生更好地理解教材中的内容，学会教材里呈现的知识点，并运用到现实生活中，这也是教学活动的重要目的。多媒体课件的应用还能使教学目标更好地完成。初中英语课本主要是由文字和图片组成的，图片是为了让学生能够更好地理解知识，但多媒体可以把这个辅助作用发挥到最大。因此，教师可以通过制作多媒体课件把图片与文字有效结合，也可以利用音乐、视频、动画等方式进行教学，让学生更好地融入英语教学活动，进而提升学生的英语学习素养。

例如，人教版英语七年级下册Unit 12 *What did you do last weekend?* 这一课，教师就可以制作动画，让学生先进行语言描述再用英语复述出来，教师随后加以引导，指出学生的语法错误和发音不标准等问题，把音乐、图像、文字有效结合，发挥自身的导向作用，创设教学情境，让学生敢说，增强学生的口语表达能力；利用多媒体捕捉语法灵感，并将其运用于教学，或者把其当作放松、

缓解学习压力的工具。在课余时间，学生可以利用多媒体观看教育影片或者听歌曲，在紧张的学习状态中放松一下，教师不应过度干涉，而要让多媒体技术为学生和教师共同服务，开拓学生的思维，提高学生的学习效率。

在人教版英语七年级上册Unit 8 *When is your birthday?* 的教学中，教师可以设置游戏环节，运用多媒体做出几名学生的动画形象，动画形象下面是几名学生的生日，然后抽取学生进行连线。这样既能让学生对生日、月份的写法理解得更深刻，感受英语语言的魅力，又能活跃课堂氛围，激发学生的学习兴趣，让学生主动发言、敢于发表自己的想法，进而促进学生更好地学习。

四、借助微视频资源，使教学过程更加完善

新版英语教材要求我们对学生开展新模式应用教学。教师要明确教学理念，在教材的基础上为学生寻找一些难度相匹配的微视频资源，帮助学生更好地了解和掌握课本内容。教师通过课上的一些关于英语教材的微视频的展示，可以更好地培养学生学习英语的兴趣，增强他们的自主学习能力。例如，在人教版英语七年级下册Unit 10 *I'd like some noodles* 的教学中，教师可以在进行单词以及语法教学的同时给学生提供一些国外餐厅就餐的微视频。这样不仅可以增强学生英语学习的兴趣，还可以使学生加深对课上所学词汇以及语法的了解。同时，多样化的微视频资源可以弥补传统教学模式的不足，使学生加深对知识的记忆，为学生提供一个良好的学习空间。学生对词汇进行通读之后，很大程度上会提高对文章的基本掌握程度。随后通过循环播放与阅读相关的视频，教师可以创设出与阅读氛围相关的情境。教师可以在课堂上进行一些相关的情境提问，通过让学生观看一些英文视频，随堂提问部分学生从视频中提取到了哪些信息，还要鼓励学生经常观看一些英文电影和视频，这些都有助于学生英语能力水平的提高。同时，教师应在课堂上要求学生每天进行必要的跟读，以帮助学生从根本上提高自己的口语能力，这对学生以后的英语学习会起到很大的促进作用。

五、结语

总之，数字资源在初中英语教学中扮演着至关重要的角色。在初中英语教学中，教师可以将多媒体软件和网络教学资源应用到实际的教学活动中，帮助

学生提升听、说、读、写四方面的能力，提升学生的情感认知以及自主学习能力与创新能力。同时，数字资源教学可以活跃课堂气氛，丰富课堂教学内容，使初中英语课堂教学更加直观和生动。初中英语教师应当转变传统的课堂教学模式，将数字化教学运用到初中英语教学中，从而使学生的英语成绩和英语实践能力都得到提升。

参考文献

［1］辜从林.微视频教学资源在初中英语课堂教学中的应用研究［J］.校园英语，2018（2）：187.

［2］潘良钦.谈数字资源在初中英语学科教学中的应用［J］.求知导刊，2019（5）：67–68.

［3］罗云淑.互联网资源在初中英语教学中的应用［J］.山海经：教育前沿，2019（2）：249.

讨论式英语写作教学模式探究

——以一堂初中英语写作课教学为例

长沙县泉塘中学　唐羽弘

一、案例呈现及特点分析

人教版（2013版）英语八年级上册第六单元*I'm going to study computer science* Section B写作教学片段：

本节课的写作任务是用一般将来时态，描写自己在新年、新学期的计划安排。导入话题后，T教师将学生分为若干小组，给出几个参考计划和常用的句型，引导学生合作讨论将计划坚持下去的具体做法；几分钟的热烈讨论之后，请一名学生以采访者的身份采访小组成员对所给话题的讨论，并提供采访模板如下：

What's your resolution for next year? And why?

My resolution is about...Because...

What's your ideas for keeping them?

I'm going to / I decide to / I plan to / I want to / I hope to...

T教师根据学生的讨论结果，引入写作话题My resolutions，并整理该类话题的写作要素如下：

My resolutions

What's your resolution for next year / term（学期）?

I'm going to / I decide to / I hope to / I plan to / I want to...

Why?

Because I think that / I hope that...

How（ideas）?

I'm going to / I hope to / I plan to / I want to...

End

I'll try my best to keep them!

学生根据写作要素开始练习该话题的写作，T教师从中邀请一名学生写出范文并让大家对该同学的范文进行点评分析；最后，让学生思考该类话题的写作要点和整体结构，并总结如下：

思考计划、打算类文章应该怎么写？

文章常采用_____时态？

（1）文章结构一般包括开头、正文、结尾。

（2）关键词：what，_____，_____。

（3）常用句型：

The first resolution is about...

I am going to / I plan to / I hope to / I want to...Because...

这堂初中英语写作课充分运用了"讨论式"教学法，改变了传统英语写作教学的"沉默"与"枯燥"。T教师通过"以说促写"的方式，让学生在轻松活跃的课堂气氛中掌握写作要领，完成写作任务，使英语写作课变得充满生机和活力。本课主要有以下三个特点：

一是以生为本，善于挖掘学生已有的知识背景并与相关话题相结合，充分调动了学生学习的积极性和主动性。在指导学生熟悉保持计划的可行方法时，T教师并不是灌输式地教给学生，而是调动学生已有的知识，并让学生自由探讨、总结出可行之道。在整个写作教学过程中，教师只起引导作用，学生始终处于主体地位。

二是内容丰富，善于总结和归纳写作框架结构及常用句型，帮助学生厘清写作思路并把握写作要领。在讨论完相关话题之后，T教师将学生所讨论的内容加以梳理总结，更好地帮助学生回顾和理解所讨论的内容，让讨论过程及内容变得更为有效。

三是形式多样，善于以讨论式教学法为指导，结合小组讨论、头脑风暴、角色扮演等多种方式让学生熟悉并理解相关话题，提高了学生的思维能力。T

教师将写作的要素和要领分为不同话题，让学生通过相互讨论的方式来思考写作内容及要领，潜移默化地将写作重点融入学生的主动思考和积极讨论中。

二、讨论式写作教学内涵

在英语学习的四大技能即听、说、读、写中，"说"是英语语言综合能力的口头体现，"写"则是英语语言综合能力的书面体现。"说"和"写"并不是独立的单元，而是息息相关的。讨论式教学法主要通过师生的共同讨论来共同思考、探究和解决问题，帮助学生获得知识、形成技能、发展能力和塑造人格。

第一，写作教学理念从"统一标准"到"以生为本"。传统英语写作教学理念侧重于写作的标准化，通常会以写作范文为导向，在分析、欣赏范文的同时，引导学生从内容到格式进行模仿和参照。师生双方都把范文当作写作的唯一指南，在注重话题写作标准之余忽视了写作本身的灵活性和创造性。然而，学生是千差万别的个体，都有着不同程度的知识背景和生活体验。讨论式写作教学体现了"以生为本"的理念，关注了学生本身的差异性和主体性，通过多种方式将学生已有的知识背景和生活体验与写作话题相结合，拓展了学生的思维，激发了学生学习的积极性和创造性，使写作教学不再固定呆板而是活力十足。

第二，写作教学内容从"精读范例"到"框架要领"。传统英语写作教学内容侧重于对写作范文的分析，让学生从句法、语法等方面对范文进行深入细致的学习，甚至将写作教学当成了精读的延续。英语话题写作除了内容丰富多样之外，还需要把握写作的框架结构、常用句型等要领。讨论式写作教学在话题讨论环节中，注重融入相关框架结构和常用句型，使学生轻松自然地熟悉重点句型结构。在讨论环节之后，教师再对讨论内容进行适当的总结归纳，这更有利于学生理解和把握写作的框架要领，使得写作教学内容更为丰富及有效。

第三，写作教学方式从"单向讲授"到"多方讨论"。传统英语写作教学方法侧重于教师对学生的单向讲授，写作教学课堂气氛沉闷，师生双方都易陷入固定的模式和范例之中，且易感乏味和无趣。讨论式写作教学改变了教师一言堂的说教方式，将课堂的主动权交给学生，通过头脑风暴、角色扮演、小组合作、表演呈现等多种方式，让学生融入话题写作教学之中，锻炼了学生的思维、表达、合作学习等多种综合能力，而教师在讨论过程中扮演引导者和帮助者的角色，指导和纠正学生的言语表达，师生双方的积极参与使写作教学的课堂变得生动而多彩。

三、讨论式写作教学实践

英语是一种广泛交流的工具，充分发挥其交流沟通的作用是至关重要的，而"说"和"写"正是英语交流方式的主要载体。讨论式写作教学从"以说促写"的角度，结合话题进行讨论与写作，可以提高写作教学的有效性。

第一，导入写作话题。英语写作话题的导入形式多样，通过问题的形式提出写作话题是直接有效的方式之一，但需要把握所提问题的话题性和延展性。以人教版（2013版）英语八年级上册第六单元*I'm going to study computer science* SectionB写作教学为例，教师在导入写作话题时，通过提出"What's your ideas for improving your physical health / improving your relationships with your family and friends / doing better at school？"等与单元主题相关的问题，迅速将学生带入写作话题当中，体现了所提问题的话题性；除了"improve physical health""improve the relationship""do better at school"三个方面之外，还可以引导学生思考其他方面的改进措施，从而体现所提问题的延展性。

第二，组织话题讨论。对英语写作话题讨论的组织要把握好讨论的内容和形式。在讨论内容上，教师要注意给学生提供相关词汇、短语以及常用句型；讨论形式可以是头脑风暴、角色扮演、小组合作、表演呈现等，让学生运用逻辑思维和形象思维消化及理解写作话题。以人教版（2013版）英语八年级上册第六单元*I'm going to study computer science* Section B写作教学为例，教师给出"My resolution is about""I am going to / I plan to / I hope to / I want to"等相关短语及词汇，以采访、自由讨论的形式让学生广泛参与到写作话题的讨论之中，并适当指导学生的语言表达，使得话题讨论高效而不失活力。

第三，口头转向笔头。在广泛的话题讨论之后，教师应指导学生进行话题写作的练笔，注意整理出话题讨论的整体思路和步骤，将其作为写作练笔的提纲。以人教版（2013版）英语八年级上册第六单元*I'm going to study computer science* Section B写作教学为例，教师整理讨论思路后，从"what""why""how""end"四个方面给出写作话题的提纲，使学生在写作练笔环节中思路更为清晰。写作练笔之后，教师可将某名学生的练笔作为范例，有针对性地进行分析指导，这样有利于学生把握话题写作的细节。

第四，总结归纳要领。英语写作教学要善于总结归纳相关话题的框架结构、常用句型以及注意事项。以人教版（2013版）英语八年级上册第六单元*I'm going to study computer science* Section B写作教学为例，教师在写作教学的最后一个环节设计了写作思考部分，从相关话题的文章结构、关键要素、常用句型以及时态特点等方面引导学生进行思考，并总结出话题写作的整体框架要领，帮助学生梳理文章的整体脉络。

四、结语

课堂讨论方法把教学过程视为师生平等参与和民主交流的过程，这不仅反映了教学的本质，也体现了教育的时代精神。讨论式写作教学将写作教学中的重难点融入学生自主讨论的过程中，让学生在大量口头实践的基础上熟悉相关话题，降低了写作教学的难度，增加了写作教学的趣味性，有利于促进学生思维能力和写作能力的整体提升，有利于提高写作教学的有效性。

英语教学管理反思

长沙县黄兴中学　荣　颖

从当英语教师开始，我就常常有这样的困惑：为什么我用心准备的课程与学生最终的学习反馈效果常常不对等？在备课的过程中，我时刻秉承课程标准，注重知识点的引入方式是否易于被学生接受，学生是否感兴趣，知识点铺设的层次是否做到了从易到难，习题操练的维度是否具有多样性，活动设置的环节是否具有趣味性和关联性，学生互动是否积极，等等。即使这样，我还是发现，精心备课不能代表教学全部，学生就算当时学习、理解得再好，如果后续没有做到及时巩固和反复操练，学习的效果也会大打折扣。可班上学生这么多，教师的精力又有限，很难实现一对一跟进，如何通过教师一人之力，让学生自觉地及时巩固复习旧知？我想，良好的学习效果得益于良好的学习习惯，而良好学习习惯的养成来源于良好的教学管理。于是，我综合所教学班级的情况进行了如下反思。

一、课代表的安排

新学期一开始，我就面临着选英语课代表的难题。后来学生告诉我，班上以前就有三名英语课代表，考虑到学生学习任务本来就很繁重，这样安排确实有利于分摊压力，且这三名学生既然之前做过课代表，那么应该对工作轻车熟路了。所以，我决定让这三名学生继续做英语课代表。

1. 英语课代表安排不合理

后来的事实证明，这三名课代表并没有进行合理分工，经常出现互相推脱责任的情况。最开始，我百思不得其解，明明一个人就可以做好的工作，现在我安排了三个人互相协助，为什么反而做不好了呢？最终，我明白了这大概和"三个和尚没水喝"的原因是一样的。一个"和尚"时，是不得不做；而三个"和尚"时，就相互推卸责任。所以，在后来的任务安排中，我要么只安排一名课代表，要么责任到点，明确到个人。

2. 对课代表的管理不严格

课代表，顾名思义，是班级学科学习的榜样。最开始，我总是只在口头上教导课代表要努力、认真，自觉做好榜样，过于相信课代表的主观能动性一定是比较强的，却忽略了课代表其实也是学生，也有学生大多会有的惰性，所以最终榜样的力量并没有得以发挥，甚至起到了反向作用。在后来的学科管理中，我意识到了自己的疏忽，所以之后的作业不管是背诵、默写，还是其他，我都会首先检查课代表完成的情况，只有对课代表的管理到位了，他们作为榜样的力量才会得以发挥，班级的英语学风才会继而走向正轨。

二、课堂纪律的容忍底线

我想大部分教师应该都有过这样的经历，当你正在讲某个重要知识点时，班上总会有几个学生开小差，甚至在下边肆无忌惮地讲话，这个时候，作为教师的我们如何处理就显得至关重要。在从教之初，发现该现象的第一时间，我总是会去处理，如叫该生发言、眼神警示、走到该生旁边进行肢体语言警示、表扬课上其他表现优异的同学等，可是有时这些方法并不奏效，这些学生依然我行我素。这时我通常会放弃，坚信这些学生已经冥顽不化，我也不想因为几名学生而耽误班上其他学生正常上课。于是我继续讲课，可是教学效果并不好，课堂由刚才的只有几名学生讲话演变成多名学生讨论。课下我也没有严肃教育这些学生，长此以往，该班学风每况愈下。但这并不是我想要的结果。对这个情况我做了深刻的反思，我意识到是我的处理方式有问题。对于课堂开小差、讲话等课堂纪律问题，我应该严肃且及时处理，因为这些都是某些学生在侧面窥探教师容忍底线的做法，如果这次放过，那么下次只会更加严重，所以我们的容忍底线不能低，甚至要零容忍。当学生知道了教师的底线，他们也就知道了什么不能做，班级学风自然就上来了，学生的学习习惯也就改善了。

三、教师自身管理

把"教师自身管理"纳入"教学管理",在我看来是非常必要的。学生都是天才模仿者,教师如果自身管理不佳,却严格要求学生,我想这怎么都说不过去。对于学生而言,这样的教师也毫无影响力。教师除了应具备基本能力以外,以下几点在我看来也非常重要。

1. 言必行,行必果

作为教师,任务烦琐是常态,所以有时我们会不记得对学生说过的话,这看似是件小事情,但影响很严重,因为在学生心中,教师对学生的话语已经没有那么重视,那么学生又怎么会遵循教师的要求?所以我们一定要做言出必行的教师,这也是在告诉学生:教师布置的任务,自己要及时完成,因为教师是会兑现的。

2. 恩威并施

教学之初,在走进教室的那一刻,面对一双双求知的眼睛以及一张张青春洋溢的脸庞,我头脑当中只出现了两个字——"可爱"。我想到了我的学生时代,更想到了我在学生时期的豪言壮语——如果我以后做了教师,一定不要做那种"凶神恶煞"的教师,而要做"和蔼可亲、平等民主、能够做学生的朋友"的教师。于是,在新学期的第一堂课上,我面向学生展示了一个亲切、热情的教师形象,我以为这样会让学生亲近我、喜欢我,继而喜欢英语这门课程,但第二天的课堂情况让我意识到这种做法的弊端,学生是亲近我了,但也发现了我这位教师没有威严。于是学生开始挑战我的底线,但这不是我的初衷。我开始明白:教育需要"恩威并施",所以在之后的教学中,尤其是在新学期的第一堂课上,我既会让学生了解我的"威",也会适时体现我的"恩"。

3. 奖惩行为

作为教师,对于学生的进步,不能吝啬鼓励;对于学生的错误,也绝不能姑息。但我之前常常会有这样的担忧:害怕过多的表扬会让学生骄纵,而过多的批评会让学生自卑。如何把握其中的度呢?后来,我意识到,不管是学生做得好的方面,还是学生做得不好的方面,都要具体到行为上,久而久之,学生就能够意识到哪些行为需要坚持、哪些行为需要摒弃。

完善学生评价机制，提高学生英语核心素养

长沙县特立中学　杨　柳

《普通高中英语课程标准（2017年版）》指出：要着重考查学生在具体社会情境中运用英语理解和表达意义的能力，直接或间接地考查学生的文化意识、思维品质和学习能力。高中英语新课标的出台，进一步为我们的初中英语教学指明了方向。培养学生的语言能力、文化意识、思维品质和学习能力，进而提高学生的英语核心素养，是我们广大英语教师追求的目标。

新一轮英语课程改革正在全国范围内热烈地进行着，然而英语教学评价却束缚了课程改革的进展。有些教师为了顺应英语新课改，在英语教学评价上使出浑身解数，翻新花样，但往往流于形式，收效甚微。笔者在初中英语教学实践中不断探索总结，进而认识到要想真正提高学生的英语核心素养，英语教师在评价时就要力求"真、善、美"，因为评价在于激发学生的学习兴趣，挖掘学生的英语学习内驱力，全面提高学生的英语核心素养。

一、初中生英语学习现状

由于英语学科需要记忆较多知识的特点，以及记得快、忘得也快的规律，许多初中生对英语学习兴趣不高。教师兴致勃勃地来上课，可很多学生听课时都无精打采，心不在焉，对教师不理不睬，出现"教师在台上讲得头头是道，学生在台下听得脑袋直晃"的现象。在英语课堂上，学生不敢开口说英语，怕说得不好受到同学嘲笑和教师批评。很多时候，英语课堂成了英语教师一个人的"独角戏"，尤其是写作课和语法课，学生互动很少，或者总是几个优等生发言。基础薄弱的学生迫于教师的威严，不参与课堂，也不做其他事情，只是

在"神游"。一堂课下来，有时候甚至是教师歇斯底里，学生还不明所以，导致学生的英语学习十分被动。

如何激发学生学习英语的积极性？如何对学生上课发言、作业、背诵、默写、英文课外文学阅读等一系列英语学习项目进行评价？这些都是很棘手的问题，需要教师长期摸索，以探索学生评价的新方法。

二、评价内容和形式的多样化

评价的内容应根据教学目标和对学生的培养目标来制定，切忌只是评价一份试卷的得分、失分或者一道题目的解答。在注重知识与技能的同时，教师要注重对学生学习过程与思维方法、情感态度与价值观、文化意识等的评价。例如，在英语教学中，教师可以将学生的作业完成情况与正确率、英语书写规范与美观、英语阅读技能掌握、上课态度与参与程度、发言的积极主动性、合作学习态度等作为评价内容，并针对这些方面形成一个量化评价标准。实现评价内容与评价形式的多样化，有助于学生全方位地了解自己，明确英语学习的着力点和改进点，促使学生养成良好的英语学习态度和学习习惯。

三、评价主体的多元化

实现评价主体的多元化，是为了避免教师评价的狭隘。教师可以将评价主体的权力交还给学生，或者学习小组组长，甚至全班同学。在英语教学过程中，尤其是英语单词和句型的默写，可以由小组长进行组织，让组员之间或者组与组之间互批互改，这样学生之间互相竞争，小组与小组之间互相竞争，效果将事半功倍。为了全面了解学生掌握单词、句型的情况，教师也可以把默写本收上来自己改。实现评价主体的多元化有助于学生从多角度了解自己，促进学生自我学习意识的树立以及竞争与合作意识的提高。

四、课堂评价语言的有效运用

课堂上的评价语言只有做到形式多样，因人而异，才能真正发挥其独特的魅力，进而促进教学。

首先，评价语言要遵循通俗性原则。评价语言要与学生现阶段的语言水平相当，不能太难，这样学生才容易理解和接受。课堂上过难的评价语言，会让学生感觉好像在听天书，让学生心生对英语学习的恐惧感，这样评价语言便失去了原有的鼓励学生的意义。其次，评价语言要遵循英语性原则。在英语课堂上，为有效创造英语学习环境，激发学生学习英语的热情，教师要尽可能多地使用英语组织教学。而对于英语基础薄弱的初中生，教师应尽量使用简单化和口语化的课堂用语，注意语音升降调的使用，并结合丰富的面部表情和形象的肢体语言，如You are the best！（同时跷起大拇指，重音落在you和best上）随着学生接触的语法和句型的增多，教师也要丰富自己的评价用语。例如，You are better than the last time. Come on! 但当学生不能听懂时，教师应适当重复，以加深学生的印象。一些简单的课堂用语，如OK. / Great. / You are right. / Very good. 等让学生觉得索然无味，不能激起他们对英语课堂的兴趣，也不利于鼓励和启发学生，所以教师应尽量少使用这样简单的、没有师生情感交流的评价用语。最后，评价语言要遵循循序渐进原则。随着学生英语知识的积累和英语水平的提升，教师的课堂评价用语要逐渐丰富和多样化。教师如果长期坚持用英语和学生会话，那么学生的听力、语感等方面都会逐步得到加强。

五、评价方法的具体化

心理学家说：人性最深切的渴望就是获得他人的赞赏，孩子也不例外。无论是何种水平的学生，在课堂上，都希望得到教师或者同学的赞赏。自新课改开展以来，我们一直强调采用"自主、合作、探究"的学习方式，增强学生的合作参与意识，以此让学生获得学习参与感和成就感。例如，我们根据学生的学习基础和座位，把班级分成8个学习小组。在课堂上，8个小组开展竞争，教师根据小组成员的发言情况和纪律情况进行记、扣分。自从开展小组评价以来，沉闷的课堂变得活跃起来，原来课堂上心不在焉的学生也纷纷参与进来，积极举手发言。即使有个别学生英语基础不够好，不愿意发言，同组基础较好的同学也会对其进行指导和提示，鼓励其发言。通过同伴的合作指导，基础不好的学生在英语课堂上的参与性和积极性也提高了很多。

六、进行小组积分累计评价，形成持续激励评价机制

在英语课堂上，我们还进行小组积分累计评价，包括上课发言、作业完成、背诵与默写情况等。根据每次及时完成作业并字迹清楚与否，按要求背诵

与否，默写准确无误与否，学生分别可得A+、A、A-，分别对应3分、2分、1分。上课举手发言一次计1分，以组为单位，没有上限。得分情况由组长在课代表处统计，一星期小记一次，得分最高的前三个英语小组适当免除常规作业。自从采用了这样的激励评价机制后，原来课堂的一潭死水泛起了涟漪，整个英语课堂充满了快乐的气氛，学生主宰了课堂，真正成了课堂的主人；学生的英语学习变被动为主动，学生既提升了英语学习兴趣，又培养了思维能力和学习能力，还增强了自身的合作精神。

英语教学是一门艺术，完善学生评价机制，可以激发学生学习英语的积极性，使学生成为英语课堂的主人，还能培养学生的思维品质，提升学生的学习能力，为全面提高学生的英语核心素养奠定了基础。

参考文献

［1］中华人民共和国教育部.普通高中英语课程标准（2017年版）［M］.北京：人民教育出版社，2018.

［2］张毅龙.教育评价技术在教育督导中的运用［J］.湖南城市学院学报，1993（3）：51-54.

［3］王秀春.多元化评价机制下的初中学生英语自主学习习惯培养对策［J］.求知导刊，2017（27）：17.

［4］廖素霞.完善多元评价机制促进学生个性发展［J］.新教师，2014（11）：47-48.

探讨七年级英语教学中的两大矛盾及解决方法

长沙县特立中学　周　婷

在现今的英语教学中，我们较多采用任务型语言教学模式。虽然，我们一直强调语言学习是为了运用，但是Willis在《任务型语言教学体系》一书中说："任务可以使得学生发展流利度，为了完成任务，学生的关注点在如何表达出自己的意思，而不是注意语言的形式。因此，他们可能在表达不清时使用母语，也可能只是使用单词和短语，或者是一些成块的语言，而不顾及语言结构上语法的准确。但是，这样并不一定对他们语言内在的发展有利。"

那么，我们在七年级的英语教学中要如何来关注并操作语法教学呢？

从英语学习的阶段性来说，目前英语教学在初中阶段处于最基础的层次。学生在小学阶段接触的英语学习基本侧重简单的口语，以简短的对话、大量的图片展示、歌曲学唱、诵读表演等轻松、娱乐化的方式，通过多次强化来形成类似于条件反射类的语言重复。也就是说，学生在小学阶段基本是不接触抽象的语言或语法规则的。

因此，笔者认为，目前的初中英语，尤其是七年级英语教学在语法上暴露出了两大问题：一是语言规则内化的必要性和迫切性与学生本身语法理解能力不高且无基础的矛盾，二是学生认知中的"英语语法难，所以英语难"的不合理性矛盾。这极大地割裂了学生在小学阶段零散积累下来的部分口语会话能力的感性材料（如例句）在语法学习中可以带来的正迁移及其积极作用。

为此，笔者试图通过七年级的英语教学来逐步解决这两大矛盾，引导学生积极地对待英语学习。但由于笔者从教时间较短，所能取得的感性材料有限，仅以本人近三年所执教的学生的有关学情的各种问题及材料来展开分析，可能不具备普遍性。

以笔者现在所执教的长沙县特立中学七年级1709班为例。由于七年级上册并非笔者执教，为了较快且更好地了解班级的英语学情，笔者在七年级下学期开学之初进行了一个简单的关于人称代词的摸底统计，结果全班47人，无一人能准确地写全I，we，you，she，it，he，they七个人称代词主格，全班出现的是主格、宾格、形容词性物主代词甚至名词性物主代词的"一锅烩"！因此，笔者连续两天引导学生强化学习人称代词间的区别及功能，以期学生能对英语语法形式的准确性给予一定的重视。

同时，笔者开始将班级中的学生进行细化分层，将处在"优秀"等级以下的学生均列为辅导目标，其中又细分为6个小组，每组4~6人。为此，根据七年级下册的学习内容，结合学生的语法薄弱点，笔者特别制定了以下辅导课程：

1. 七大人称——主格——做主语。

2. be动词——am，is，are——"是"——人称与be动词配对。

3. 英语与汉语的不同点有哪些？——趣味了解（动词的多种形式，人称和数的变化，语序）。

4. 常见动词表达——（去学校、打篮球、洗澡、游泳、看电视、唱歌、弹吉他、起床、骑自行车、坐公交车等）。

5. 现在进行时——be+V-ing（强调和巩固第三人称单数及be动词配对，讲解现在进行时的意义）。

6. 一般现在时——常见实义动词与三单主语的句子表达——（由be动词的is和are迁移出对应词的三单形式和动词原形）。

7. 一般现在时与现在进行时的区别练习。

8. 辅助讲解There be句型（讲解There be句型的意义和翻译，也可提前至课时4）。

以上8个课时的教学顺序并非固化，教师也可适时、适量调整，以配合课堂常规教学内容；同时要注意辅导后的作业布置和检查，再结合作业完成情况判断是否需要二次辅导。需要注意的是，语言习得经常会产生暂时的"恶化"，需要不断地反复与综合运用，语法教学当然也不可避免。

另外，教师除了要梳理学生新旧知识之间的过渡和衔接，还要保证学期教学任务的正常完成。为了能在一定程度上提升或保持学生的积极性和学习兴趣，在有意识、有层次地进行语法教学的同时，教师要兼顾学生英语学习的其他方面，如口语、单词等，可以采用学生"一带一""一带二"的辅导模式，其实这也是利用学生之间的个体差异让其互帮互助、互相激励，通过多种途径提高其学习效果。

遗憾的是，这种模式所能达到的效果仍有待探讨，也尚需不断研究改进。但在语言教学中，我们无论采用何种教学途径，都要看其是否有利于语言的学习。

参考文献

［1］Jane Willis. A Framework for Task-Based Learning ［M］. London：Longman，1996.

［2］龚亚夫，罗少茜. 任务型语言教学（修订版）［M］. 北京：人民教育出版社，2006.

农村初中英语课堂沉默的原因与对策研究

长沙县黄兴中学　熊林滔

农村初中英语课堂沉默现象的普遍存在，引起了广大学者和教师的注意。对于这一现象，他们从不同的角度做了一些研究，大致可以分为以下几个方面：课堂沉默功能的研究、课堂沉默原因的研究和课堂沉默对策的研究。

课堂沉默对教学的影响有两个方面：一方面，课堂上某些学生的消极表现不仅会让他们错过许多练习的机会，也会影响教师和其他学生，从而给课堂氛围造成负面影响；另一方面，沉默也有积极的作用，合理利用课堂沉默可以给学生足够的时间来反思，这有助于教学的顺利进行。有研究者认为，在英语教学过程中给学生时间来翻译和理解信息是非常必要的，因为这样可以促进学生对知识的理解。陈玉红在《英语课堂交际中的沉默现象分析》中指出，沉默是一种在口头交际过程中有很强语用功能和文化内涵的不可或缺的非语言行为。她认为，沉默首先展示出了社会文化的沉默特征，其次是在交互式沉默过程中真正意义上的暂停和讨论。她认为沉默有多方面的语用功能。

顾晓乐在《中美言辩观之差异对中美语言学习课程的影响》中把学生课堂沉默的原因归结于三个方面的文化因素：第一，中国文化更注重文化语境，也就是只可意会不可言传；第二，中国文化强调和谐，人们认为不赞同别人的意见就意味着与别人之间的关系不好；第三，中国文化注重顺从，中国的孩子在家应该听父母的话，在学校应该听教师的话。

Jackson针对英语课堂沉默提出了教学策略。首先，教师应该关注学生的实际需求。其次，教师应该提高学生的语言学习技能。再次，教师应该关注学生的情感，并缓解他们的焦虑。最后，教师应该创造一些情境来提高学生的语言表达能力。

蒲春红也提到过一些关于改变课堂沉默现象的对策：首先，教师要转变英语教学理念，也就是在课堂上，教师不再是主角，而是把学生当作主体。其次，教师应该注意教学语言的使用。最后，教师要更关注学生的心理健康并真诚地鼓励他们。

也有学者认为小组合作可以帮助中国学生冲破文化的限制。当学生一起讨论的时候，他们会感到非常放松。这是因为，最终的意见是小组讨论的结果，即使被嘲笑，也不是一个人被嘲笑。这样就不会影响他们个人的自信，也不会让他们感觉没有面子。

在关于课堂沉默的研究中，很少有人提到农村中学课堂沉默现象的原因和解决办法。实际上，农村中学英语课堂上的学生对英语学习持更消极的态度。当教师问问题的时候，几乎没有学生会主动回答问题，这就使英语课堂气氛沉闷，严重影响了教学质量和教学效率。因此，本篇文章分析了农村中学英语课堂沉默现象的原因，并探索打破沉默、营造轻松积极课堂氛围的办法。

大部分教师喜欢那些声音洪亮、表达清晰、热爱思考以及主动发言的学生。然而，这样的学生仅仅是一小部分。大部分学生是倾听者和观众，只是安静地坐在那里。尤其是在农村中学，学生在课堂上没有主动权，所以越来越多的学生选择保持安静并充当一个旁观者，很少有学生会举手发言，只有教师一个人演独角戏，课堂呈现出令人窒息的安静气氛。

第一，学生没有发言的欲望，只是心不在焉地坐在座位上，而且对教师的问题漠不关心。第二，学生没什么可说的，当教师问问题的时候，一些学生似乎在认真地思考，但实际上他们并不知道怎样思考，所以他们不知道答案，当然也就不会举手发言。第三，学生没有发言的习惯，有些学生认为上课就是要认真听教师讲，而不是自己说。第四，学生没有发言的勇气，即使他们理解了问题，知道了答案，但由于缺乏信心，也不会主动发言。这类学生通常会被教师忽视，从而错过了许多和别人交流的机会，这对学生的成长是有害的。

许多学生在课堂上保持沉默是一个不争的事实。首先，保持沉默的学生非常多。根据我在农村中学教学中的观察，班上有一多半的学生是保持沉默的，这个比例令人惊讶，而且有上升的趋势。其次，班上安静的学生正在边缘化。积极主动的学生是教师的最爱，他们有更多的机会来展示自己，更好地掌握知识，从而更愿意说，如此形成良性循环。然而对于那些安静的学生，他们越不愿意说就越会形成恶性循环，久而久之，他们就会觉得班上的事情跟自己无关，最后变成班级里的边缘人物。最后，课堂沉默限制了学生的发展。学生不发言，不参加班级活动，最后就会无视学习环境。这种习惯一旦形成，问题就会随之而来。学生的语言能力会退化，语言习惯会变差，思维能力和交际能力也会逐渐下降，导致学生无法展现自身的个性，失去表达自己的勇气，这会严重限制学生的成长和发展。

课堂上的教学时间是有限的，积极主动地利用有限的时间来展示自己的思考过程应该是每一个学生的权利。但是从学生的学习质量、理解能力以及表达能力不同的事实来看，课堂上的时间不会平均分配到每个学生身上，这就会造成主动学生和沉默学生的两极分化，使学生在心理和学习方面受到很大的负面影响，甚至会影响学生的未来发展。

尽管国家课程改革已经进行了很多年，而且取得了丰硕的成果，但是农村中学教学改革由于受到许多限制进行得非常缓慢。此外，许多教师是在传统教育模式下培养出来的，他们需要很长时间转变固有的理念。根据我在英语课堂上的观察，有一多半学生认为英语课就是教师讲、学生认真听，没有必要在课堂上主动。在这样的课堂上，学生专注于自己的笔记和想法，不用担心被问问题，而且教师可以在有限的教学时间教授更多的内容。除此之外，一些社会理念也深深地影响着学生。有些学生认为，在课堂上积极主动就好像是炫耀自己，而且其他学生可能会嘲笑那些课堂上主动的学生。长此以往，学生就不愿意在课堂上发言，课堂沉默现象就会越来越严重。

由于地域文化和教育条件的限制，农村初中学生的英语基础相对薄弱。大多数小学生没有学过英语，因此不能适应中学的英语学习，从而对英语学习表现出倦怠心理。如果学生没有克服这种心理或者教师没有对学生进行较好的引导，结果就会非常严重。进入中学阶段，在英语课堂上，有些学生不敢发言，不敢举手回答问题，担心自己的答案不正确，在学习中遇到难题时也不敢问教师；有些学生因为英语非常差，无法理解教师说的内容，更不要提配合教师并回答教师的问题了，所以会表现得更安静；还有些学生英语相对好一些，但是由于缺乏练习，英语口语表达能力比较差。

一些学生不愿意发言，也不愿意被教师叫起来回答问题。他们认为课堂发言并不能提高他们的英语水平，而且不能帮他们取得好的考试成绩。他们可以自己思考，或者从教师那里得到正确的答案。因此，这种学生在课堂上会变得越来越沉默，他们即使知道答案也不会回答，因为他们没有兴趣回答。

许多学生在不确定答案是否正确的时候，是不会回答教师的问题的。这种现象深层次的原因就是学生害怕伤自尊，害怕答案不正确被教师批评或被其他同学嘲笑。因此，当他们不知道怎么回答，或者不知道他们所说的答案是否正确的时候，经常会选择沉默。还有不到一半的学生认为，在课堂上保持安静是因为别人沉默，所以自己也选择沉默。因此，当大部分学生在课堂上保持沉默的时候，其他学生即使知道答案也不会主动回答，因为他们不想被同学看作局外人。

但是在传统的英语教学中，教师是课堂的中心，尤其是在农村初中，他们还是更倾向于填鸭式的教学方法。学生很少有足够的时间去思考和回答问题，这无疑会让他们失去更多思考和表达的机会。学生尊重教师的权威，他们只听和写，并不回答问题，但是他们深深地相信教师所说的。这种课堂参与度较低的情况严重阻碍了学生语言能力的发展，也是课堂沉默现象的一个直接原因。有国内学者研究发现，中国农村初中英语课堂上教师讲授占了70%，甚至有时候是90%或整堂课，学生很少积极参与或者发表观点。师生之间缺少交流，不利于学生英语交际能力的发展，最终会使学生的学习热情减退，导致课堂沉默。

提问也是课堂活动很重要的一部分。教师选择问什么对师生之间的交流有很大的影响。乡村初中英语教学中最常见的提问模式就是教师问、学生答。一些非常简单的问题，如用"yes"和"no"回答的问题，并不能激发学生的学习热情。很多学生并不愿意回答这么简单的问题，但是难一点的问题他们又不理解。因此，教师提出的问题对学生课堂上的表现有直接影响，这也是课堂沉默现象的一个原因。

调查发现，有90%以上的学生希望得到教师的正面评价和鼓励。即使学生的回答不正确，教师也可以慢慢地把他们引向正确答案而不是批评他们。否则，学生的学习热情和自尊就会受到伤害，从而不愿意回答问题，导致课堂沉默。

如今农村中学的英语师资力量正在提高。新课标强调，教学的目的是交流。但是在农村初中，大部分英语教师还在沿用传统的英语教学方式。知识技能的目标达到了，但是交流这个目标的实现还需要时间和努力。

仔细分析各种课堂沉默的原因并找到相应的解决办法是有非常重要的意义的。以下是对课堂沉默解决办法的建议。

第一，给学生足够的思考时间，因为学生需要时间来理解问题。实际上，课堂上的思考时间就是学生努力提高自己、理解相关知识的时间。因此，教师应该关注这个问题，给学生足够的时间来思考，而不是匆匆地让学生回答。

第二，在课堂上要适当地使用母语和目标语。比如，为了让学生明白句型，可以适当地用母语来讲解，但是常用的语句应该用目标语实现语言浸润。

第三，关注学生的情感状况。紧张、焦虑和害怕是英语初学者在与他人交际的过程中普遍出现的情况。当初学者面对陌生的语言和文化背景时，他们很容易有心理压力。在这种情况下，教师不应该过多地强调语法的准确性，否则会加大学生的心理压力，使学生不敢说。因此，教师应该尽量让学生在放松的状态下大声地说英语。

第四，创设语境，培养学生的语言技能。在教学过程中，教师应该创设语境，让学生在相应的语境下进行口语练习。在课堂上，教师应该让学生参与多种对话练习活动，如师生对话、生生对话、小组合作等。通过一系列的活动，学生的语言运用能力会得到提高，从而避免"哑巴英语"的出现。

第五，给学生更多的正面评价。在英语课堂上，教师给学生的正面评价对于学生和课堂教学都有非常重要的作用。如果教师给学生正面的评价，学生就会感到自身的价值得到了认可，学习就会有成就感，学习英语的热情就会越来越高。相反，如果学生得到的负面评价或者批评过多，就很容易产生负面的感受，学习英语的兴趣和信心就会随之降低。因此，教师应该对不同的学生提出不同的要求，做到因材施教。

第六，关注学生的个性发展。教师有责任关注学生的成长，包括学生的困难和焦虑，也应该尊重和信任他们。一旦教师成了学生的朋友，获得了他们的信任，师生之间就会更亲近，这对形成良好的课堂氛围是有好处的。

当然，学生也应该克服自己的消极情绪，改变不适合自己的学习理念和学习方法。在课堂上，学生应该积极配合教师，回答教师的问题以及表达自己的观点。

英语教学的主要目标就是发展学生的语言技能，也就是使用语言的能力。中学英语课程应该注重学生综合语言运用能力的培养。简而言之，农村初中英语课堂沉默严重影响了课堂教学。英语教师应该理论联系实际，在教学过程中观察学生的行为，努力找到相应的对策以改变课堂沉默的现状，让学生积极参与到课堂活动中来。希望以上提到的这些策略对农村初中英语教师有所帮助。同时，我们应该意识到，沉默并不绝对是一件坏事，积极的沉默对教学是有好处的，我们应该客观地看待问题，减少学生的负面沉默，让课堂充满活力。

参考文献

[1] Jane Jackson. Reticence in Second Language Case Discussions： Anxiety and Aspirations [J]. System, 2002, 30 (1)：65-84.

[2] 陈玉红. 英语课堂交际中的沉默现象分析 [J]. 外语教育, 2001 (1)：137-139.

[3] 顾晓乐. 中美言辩观之差异对中美语言学习课堂参与的影响（英文）[J]. 中国应用语言学（英文版）, 2005 (5)：40-45, 32, 128.

[4] 蒲春红. 大学英语课堂教学沉默现象分析及教学建议 [J]. 南昌高专学报, 2009 (4)：120, 138.

第四章

"行动"研究出真知

ABC

小组合作下的初中英语分层教学

长沙县松雅湖中学　唐青兰

所谓分层教学，指的是根据不同学生的学习情况开展具有针对性的教学。在初中英语教学中，教师必须重视和尊重学生的个体差异，根据学生的实际情况制订教学计划，在小组合作学习的基础上开展分层教学，让每一名学生都能够跟上英语学习的进度，从而激发初中学生学习英语的兴趣。

一、认识初中英语分层教学的必要性

随着教育事业的不断发展，以人为本的教学思想成了当今教学中的主要思想，其核心是以学生为中心，以学生的成长为主体，重视学生的全面发展和个体差异。英语在初中考试当中占据了一定的比重，因此是家长和教师关心的学科。但是现阶段的初中英语教学状况却不容乐观，不管是教师所采用的教学方法还是学生的学习方法都存在较多的问题。这些问题严重影响了学生的学习兴趣和学习效率。在经过一年的初中学习后，学生之间容易形成两极分化，这种现象在初二尤为明显，极度困扰学生和家长。这时，分层教学在众多的教学方法中就表现了突出的成效，它以学生的个性发展为根本，包括提升学生的学习成绩以及学习兴趣等多种有效的措施。初中英语教学要面向所有学生，培养学生获取英语信息以及处理信息的能力，尤其要注重学生分析问题以及解决问题能力的培养，这也是提高学生英语思维品质以及英语表达能力的重要体现。通过对初中英语分层教学的研究，笔者发现小组合作学习是一种有效的学习模式，在初中英语分层教学中具有重要作用。运用这种方法能够最大限度地满足不同层次学生的学习需求，从而有效地提高学生的英语综合成绩，进而提高初中英语的教学效果。

二、基于小组合作的初中英语分层教学策略

在初中英语分层教学的开展过程中，教师必须根据教学对象进行科学分层，只有这样才能有利于教师掌握学生的基础以及制定合理的教学目标。例如，教师可以把班级内的学生分成A（100～120分）、B（90～99分）、C（80～89分）、D（70～79分）、E（60～69分）、F（60分以下）几个层次。A层次学生的学习成绩以及基础知识的掌握都较好，教师可以要求这类学生进行更深度的练习。B层次学生的学习成绩也属于优秀，在制定教学任务的时候，教师可以设计一些巩固性的知识内容，以便提高这些学生的学习能力。C层次学生的学习成绩属于中等，在制定教学内容的时候，教师要注重基础知识的巩固，强化作文训练，从而促进这类学生学习能力的提升。D层次学生的学习成绩属于中等偏下，教师可以布置一些强化背诵单词、短语及熟读课文的学习任务。E层次的学生学习成绩较差，明显没有学习动力，课堂听不懂、练习不会做。教师可以让E层次学生与B层次学生结成"师徒对子"。F层次学生的学习成绩是最差的，学习态度不端正，学习习惯没有养成，家长对他们无计可施，普遍感到焦虑，希望教师在课堂上能管理他们的孩子，对教师的工作也愿意配合。教师可以给予这些孩子更多关注，鼓励他们做好课堂笔记、做好课堂练习，使其基本跟上课堂的节奏。通过这种分类方法，教师能够使班级整体英语成绩得到提升，并且让每一名学生都能够有针对性地进行学习，促进全体学生英语水平的提升。

在小组合作中开展分层教学以及小组合作学习是促进学生英语成绩提升的重要途径，能够使学生在小组中发挥自己的主观能动性，使小组内成员之间相互交流和相互学习，从而提高小组内成员的学习成绩。因此，在开展初中英语分层教学的过程中，教师要在小组合作环节进行分层教学，将不同学习能力的学生分成若干小组，这样有助于小组内成员取长补短、相互促进，确保每一名学生都能够提高英语成绩。在课堂教学中，教师在引导学生进行小组讨论的时候要适当地设定简单的问题，这样才能有针对性地开展教学，确保每一名学生都能够掌握知识，激发学生学习英语的兴趣，使学生更加热爱学习英语。

三、结束语

总而言之，初中英语分层教学的开展对于提高英语学习效率有着积极的促进作用，能够确保每一名学生都参与到英语学习当中。因此，初中英语教师在开展小组合作学习的过程中要科学合理地进行分层，开展有针对性的教学，从而提升每一名学生的英语成绩。

农村初中英语高效课堂研究

长沙县五美中学　王萱麟

　　广大农村地区的教育问题一直都是"两会"关注的焦点问题，也是很多教育专家和学者们关心的问题。众所周知，21世纪需要的是具有创新能力的、有个性的人才。如何让教师对学生的发展切实起到引导的作用？如何让教师的课堂风格更成熟且有吸引力？新课标明确提出，教师要关注学生个性的全面发展，要激发学生对于英语学习的兴趣和热情。而农村教师要帮助学生获得学习的成就感、增强学习的自信心，提高学生的综合素质。教师作为引导者，必须培养具有个人特色的教学风格，因材施教，不断提高自己的专业水平，摒弃陈旧的教学方式，以适应新课改的要求。

　　近年来，随着新课改的不断深入，农村英语教学貌似进入了一个发展的尴尬期。在有些落后的农村地区，教师仍沿袭着旧的教学方法：教科书、粉笔、黑板、满堂灌、照本宣科、因循守旧。这直接导致了农村地区学生的成绩落后、表达能力差、词汇少等问题。我在自己所在的农村中学已经执教了三年多，明显感觉学生对英语学习没有兴趣。他们基础差，学习英语很吃力，从而导致成绩差。英语学习上的困难让很多学生开始厌学，英语课上睡觉、开小差是常有的事。我认为这主要有以下几个方面的原因：

　　（1）农村英语教师水平有限，教学方法老套，不能调动学生的学习积极性，进而使学生慢慢丧失了学习英语的兴趣。

　　（2）学生普遍英语基础差，他们在小学时没有打好基础，在听、说方面有着很大的缺陷，导致初中英语学习落后。

　　（3）跟城市中学生相比，农村中学生课内外都缺乏一定的语言环境。

（4）农村学生对英语不是很重视，因此就不会花心思去学习。

当然，这些原因跟语言环境和学习氛围有着密不可分的关系。但是近年来广大大学毕业生甚至研究生来到农村中学任教，一切好像都呈现出了新面貌——青年教师的公开课不仅使用了多媒体，还使用了一系列的教学工具。在一些公开课课堂上，教师会循循善诱，让学生自主发言、畅所欲言，体现出优秀课堂必备的合作探究精神。另外，一些条件好的农村学校还设立了图书室，让学生在教师的带领下自主支配学习时间。由于很大一部分农村学生的家庭里没有藏书，有的教师去家访时，发现学生经常跟着家长一起看电视，所以严格来讲，他们并没有很好的阅读环境。

在近期召开的"两会"上，许多教育界的代表纷纷提出意见：教育要着重提高学生的能力，促进学生的个性发展；课堂不能只是填鸭式的知识传授。农村地区的英语教学、师资问题也受到了广大教育工作者的关注。由于经济和区位条件的限制，农村英语教师在专业方面的发展受到了一定的限制，这或多或少会影响其课堂教学质量。

针对以上问题，同时为了尽快改善现状，笔者试着从以下几个方面提出解决问题的思路和建议。

首先，农村学校的管理制度需要进一步改进和创新。由于农村环境闭塞、物质匮乏，学校管理者应该树立"以人为本"的思想观念，对广大一线教师给予更多的关心和爱护；平日要多与教师沟通交流，了解其实际教学工作中的困难和需求；要建立更加公平合理的教师考评体系，注重劳动质量考评，而不是学生成绩考评；应该使教师的工作环境更加包容开放，同时改善办学条件，吸引更多的优秀教师扎根农村，让他们在农村也能拥有较大的发展空间。

其次，教师应该和学生家庭进行充分的合作。农村地区的学困生大多从小学就不重视英语的学习，甚至把英语列入副科的行列。教师应该给他们提供更多的帮助，及时深入学生的家庭中去了解学生的心理动态，引导他们克服困难。同时，家长应该和教师密切配合，达成"统一战线"，密切家校联系，使每一名学生都能树立正确的学习观念。

再次，教师应该树立科学的教学理念。我在农村任教时发现，许多英语教师，特别是年长的英语教师，仍然保持着传统的应试教育观念，课堂气氛很沉闷，学生提不起兴趣。因此，农村学校的英语教师应该认真学习、研究新课改的标准，让学生成为英语课堂的主人。比如，教师可将英语课堂情境化，激发学生的学习兴趣，使学生主动参与课堂交流。英语作为一门语言，它的特殊性要求教师突破应试教育的局限性，重视学生语言能力的培养，让学生在课堂上体会到英语学习的乐趣和成就感。

最后，教师应该努力提高自己的专业水平和教育教学水平。由于农村学校的教师专业能力有限，教育部门更应该对他们进行培训。比如，邀请"名师"来农村进行交流和授课，分享新课改的有用经验和方法。同时，教育部门应该定期派农村学校教师到教育发达地区的学校进行观摩和学习，使其获得有意义的教学经验和理念，进而促进农村地区英语教学水平的提高。

总之，广大农村地区中学的英语教学关系到很大一部分孩子的未来发展。百年大计，教育为本。农村英语教育的研究是一个深刻的课题，它涉及方方面面的调查和探索。我希望这一课题能够引起教育部门、学校领导和学生家长的重视和共鸣，从而共同解决农村英语教学中存在的问题。

简析英语任务型教学与课堂教学有效性

长沙县特立中学　王　彦

一、英语任务型教学

"英语任务型教学"的概念从字面意义就很好理解，简而言之就是一堂英语课要完成什么任务。在以往的教学中虽没有明确提出英语任务型教学的概念，但对课堂评价却常用"准备充分，目标明确，重点突出"等词语，明显含有教学任务的意味。20世纪90年代初，人教版九年制义务教育英语教材明确提出了"听、说、读、写"的教学任务，在一堂课里要完成单词、句子和文章的"听、说、读、写"四种基本技能的训练与初步运用。

2000年年初，湖南省对中小学英语教师提出了英语任务型教学方法并做了相应培训，英语任务型教学便广泛应用于中小学英语教学中。它主要从教学过程中的三个环节考查教学任务的完成情况：一是根据学生实际和教材内容制定当堂课的任务及其完成方法；二是根据课堂教学实际完成教学任务；三是以作业评改、辅导等形式来检查任务完成质量，获取改进信息。英语任务型教学不仅要完成当堂英语课单词、句子和文章的"听、说、读、写"四种基本技能的训练，还要符合质量的要求，即学生习得，常通过考试成绩来考查学生对知识的掌握情况。很明显，这种方法在实践中有一定的缺陷，易流于完成任务的形式。

二、课堂教学有效性

课堂教学有效性是近几年提出的教学理念，它源于20世纪上半叶西方教学科学文化运动，其核心是教学效益，通俗地说就是课堂上在单位时间内学生所获得知识的最大量。

根据我所接触的课堂教学有效性研究资料和自身教学教研实践，我认为这种教学观点有一定的实际用途。人们往往从三个方面看待课堂教学的有效性。

1. 教师教学设计有效和讲授有效

教师是教育教学的主导者，是课堂教学的设计者、执行者、监控者。课堂讲授有效离不开教学设计有效。教师要科学、全面地整合教学资源，根据学生实际指导学生掌握有效的学习方法和策略，完成教学任务；课堂上要积极创设示范空间，主动寻求师生互动和生生互动的契机，创造性地培养学生合作解决问题的能力，培养学生良好的思维品质，提高学生的综合素质。

2. 学生课堂学习有效

学生要心情愉快、注意力集中、思维开放地聆听教师讲授，认真思考问题，积极寻求解决问题的方法。

学生通过感知、体验、实践、参与、合作、探究等方式实现学习目标，感受成功。这种成功体验能让学生在学习过程中获得愉快和自信，在原有能力的基础上取得进步并实现有效习得。

3. 课堂教学有效建立在师生相互了解、信任的基础上

心理学家罗杰斯曾指出，一个人的创造力只有在其感觉到"心理安全"和"自由"的条件下才能获得最大限度的表现和发展。营造一个民主、宽松的教学环境是实现课堂教学有效性必不可少的条件。在教学中，教师要赞赏学生付出后所表现出的微小变化，实现对教学资源和对自己的超越。

三、英语任务型教学和课堂教学有效性的共性与不同

从以上分析可以看出，英语任务型教学与课堂教学有效性存在共性与不同。

两者的共性可以概括为：

（1）目标相同。两者的教师教学目标相同、学生学习目标相同，都是为了完成一堂课的"教"与"学"的目标。

（2）主体相同。两者都强调学生是学习的主体。

（3）主导者相同。两者都强调教师是"教"与"学"的主导者。

两者对教学的探究方向和侧重点是不同的：

（1）英语任务型教学强调完成任务的整体性，课堂教学有效性则强调用什么样的方式方法提高任务完成的效率与学生习得的效率。

（2）英语任务型教学强调"教"与"学"的策略，课堂教学有效性则强调如何运用恰当的方式高效达成教学目标。

（3）英语任务型教学强调教师的主动性和控制性，教师是知识的传授者，学生是完成教学任务的知识获得者和课堂教学的适应者；课堂教学有效性则强调师生互动及生生互动，师生在合作中达成教学目标，学生解决问题的能力和综合能力得到提高，师生共同实现自我超越。教师和学生都是知识的传承者和创造者。

新课改背景下初中英语任务型教学的
任务真实性

长沙县特立中学　文姿波

一、"任务真实性"的理论研究

任务型教学法兴起于20世纪80年代，是提倡以教师为主导、以学生为主体的教学方法。学生在参与教师或教材精心设计的各项交际任务的过程中认识语言、运用语言、发现问题、寻找规律、归纳知识和感受成功，从而掌握真实、有用、有意义的语言。"做中学"或"用语言做事"是该教学法的核心。

任务具有以下特点：①任务是学生自己或教师制定的；②任务由个人完成或通过与他人竞争或合作完成；③任务呈现可以是具体的（如幻灯片或读书报告），也可以是抽象的（如解决问题的方案）；④任务是真实的，与现实世界和学生的个人生活有着密不可分的联系；⑤任务型教学中的任务具有交际性，可以让学生进行各种各样的活动，如对话、讨论、辩论、演讲、表演等。

英国著名学者Andrew Littlejohn对任务型教学做了很好的阐述。他认为一个好的任务型教学应该具备四大因素：①除了语言的学习外，还应具有教育意义；②应尽量贴近学生的生活，激发他们的兴趣；③突出学生在活动中的表现和贡献；④活动应有所变化，以体现不同班级的特点。因此，任务型教学应遵循以下几个原则。

1. 从实性原则

教师在设计任务时要坚持从实性原则。首先，教师要根据学生实际的年龄特征、认知水平和知识水平设计学生可接受的任务；其次，要根据学生的生活实际设计真实的任务；最后，要根据实际教学条件设计任务。

2. 人文性原则

根据《义务教育英语课程标准（2011年版）》的基本理念："要使学生在学习过程中发展综合运用语言的能力，提高人文素质，增强实践能力，培养创新精神。"为了提高学生的人文素养，培养学生的人文精神，教师应当坚持人文性原则，设计与西方英语国家的历史、地理、风土人情等相关的任务，从而培养学生的跨文化交际能力，提高学生的跨文化意识。

3. 实践性原则

《义务教育英语课程标准（2011年版）》提出："使语言学习的过程成为学生形成积极的情感态度、主动思维、大胆实践、提高跨文化意识和形成自主学习能力的过程。"因此，教师在实施任务型教学时，应以学生为主体，要求学生积极参与实践，展示个性，充分体现自身的主体地位和主体意识，从而激发学生的学习动机，提高学生的学习积极性。

二、真实性任务的教学实践

1. 任务的步骤

英国语言学家Jane Willis提出了任务型教学的三个阶段：前任务（pre-task）、任务环（task-cycle）和语言点（language focus）。

（1）前任务阶段：由教师向学生介绍话题和任务，突出关键词语，可先让学生听一听别人做类似任务的录音，或者阅读课文的某一部分，进而导入任务，帮助学生理解任务的指令并做好准备。例如，在人教版英语七年级上册Unit 2 *This is my sister*一课中，教师发给学生一套与课文有关的英文单词卡片，让学生听课文录音，然后模仿录音，根据自备的家庭照自编对话。为了完成任务，学生相互合作，相互帮助，既提高了动手能力，又培养了团队精神。

（2）任务环阶段：在此阶段，学生为完成交际任务而尽其所能地运用所学的语言知识。这一阶段由三个部分组成：①任务（task）。学生两人或两人以上组成小组完成任务，教师在一旁监督和鼓励。②计划（planning）。各组学生以口头或书面的形式向全班汇报任务的准备情况，教师可以给予适当的指导。③报告（reporting）。各小组可以向全班展示他们的报告，也可以互相交换书面报告，比较结果。这时，教师充当小组评审主席的角色，评价各组任务的完成情况。例如，在人教版英语七年级Unit 9 *My favorite subject is science*一课中，为了让学生掌握各学科的英语表达，我将学生分成几个小组，让学生扮演教育部门领导询问各小组成员对科目的喜爱情况，然后向其他同学汇报调查结果。

（3）语言点阶段：此阶段由两部分组成：①分析（analysis）。学生小组讨论和分析其他各组执行任务的情况。②操练（practice）。学生在教师的指导下操练语言难点。

2. 任务的设计

任务的设计应当结合教学内容，贴近学生的生活实际，能够激发学生的学习兴趣。在教学实践中，教师常采用的几种任务形式主要有生活技能性任务、调查性任务、操作性任务和创造性任务。

David Nunan建议任务设计依据真实性原则。教师在安排教学任务时，应当尽最大努力增强语言材料的真实性，营造相对真实的语言环境，选择更贴近学生现实生活和个人经验的任务材料，设计出真实而有趣的任务。为此，我们可以采用以下几种主要措施：

（1）重新编排和设计常规练习。根据课堂教学的内容，教师可以对常规的练习进行重新编排和设计，使之与现实生活紧密相连，同时弥补课本的缺陷。例如，教师在教学直接引语和间接引语时，不拘泥于让学生转换句型，而是通过设计真实性任务，让学生达到一定的交际目的。教师可以给出一个话题，如"你怎样看待在校园推广普通话？"让学生分成小组编写对话，再请一个小组的一名同学充当"记者"，在全班面前"报道"其他组的观点，这样原本枯燥的语法练习就成了真实、有趣的任务。

（2）创设真实情境，自由会话。教师应当充分研读教材，根据当地的实际情况和学生的生活实际，适当调整教学内容，创设符合学生实际的任务情境。例如，在学习"Can you play the guitar？"这一句型时，教师可根据学生的实际情况，创设校园社团的场景，让学生分成不同的社团，如书法、唱歌、绘画、演讲等，各"社团"成员交流兴趣爱好，然后与全体同学分享。这种方式既能调动学生的学习积极性，还能够培养学生的团队沟通能力。再如，在写作教学中，教师可选择一些能反映真实世界的场景作为任务。教师可以少让学生写一些抽象的说明文、议论文，多布置一些学生感兴趣的内容，如通知、海报、电话留言、感谢信、请柬、投诉信、简历、求职信等。总之，真实任务的选择应着重考虑学生的需要。

（3）采用符合语言情境的真实性语言。除了在设计任务时要考虑到材料的真实性外，教师还应当注意语言的真实性，要考虑教学语言是否恰当、是否符合所设计的语言情境，应该使用正式语言、一般语言，还是非正式语言。言语风格过于正式，任务的真实性就会受到影响。例如，在描述"title"一词时，用"the name you call others to show your respect and their jobs"就比用"the word used to show a person's rank and occupation"更具有实际交际价值。

三、小结

任务型教学模式要求以学生为中心，将真实的语言文本引入学习环境中，强调通过使用目的语交流来学习外语，在初中英语教学研究和实践中取得了一些成效。任务的真实性在实施这一教学模式的过程中起着至关重要的作用。任务只有贴近生活、贴近学生，才能更好地促进学生自主学习，增强学生学习的兴趣和信心，提高学生运用语言进行交际的能力。

参考文献

［1］唐春燕.英语精读课教学中的任务型教学活动设计［J］.天津职业技术师范大学学报，2006（1）：66-69.

［2］程晓堂.任务型语言教学［M］.北京：高等教育出版社，2004.

［3］魏永红.任务型外语教学研究：认知心理学视角［M］.上海：华东师范大学出版社，2004.

［4］罗恒.任务型语言教学在英语学科中运用的现状与对策［J］.基础教育外语教学研究，2004（8）：38-40.

初中英语问题化教学的问题来源探究

湖南师大附中星沙实验学校　李登均

一、何为问题化教学

问题化教学（Problem Enriched Instruction，PEI）是指以一系列精心设计的类型丰富、质量优良的有效教学问题（教学问题集）来贯穿教学过程，培养学习者解决问题的认知能力与高级思维技能，实现其对课程内容持久且深入理解的一种教学模式。而本文的问题化教学，则是一种以学生的问题为起点，以学科的问题为基础，以教师的问题为引导，通过构建教学的"问题系统"、问题运行的"程序系统"以及问题解决的"操作系统"，采取问题化的"教"与问题化的"学"，以提高学生思维层次与思维品质的一种课堂教学模式。

二、问题来源探究

学生提问的通常为新授内容，即未知内容。既然是未知内容，学生就无法用英语表达。如果学生能用英语表达，即说明学生已经掌握了该内容。那么问题源自哪里呢？

1. 源自问题本身

问题源自字、词、句。英语对于大多数初中生而言，是一门非常难学的学科。一是没有语言环境，学生很难在平时的生活中自然习得；二是没有充分的知识积累，如九年级Unit 2 *I think that mooncakes are delicious*！这个单元，其中出现了句型What fun the Water Festival is！在我们的语法教学中，how用来修饰限定形容词和副词，what用来修饰限定名词。于是学生就提出问题：fun可以做名词，也可以做形容词，为什么此处用的是what而不是how？例如，在2019年的长沙中考中，就考到了这样一道题：

_____fun it is to have a field trip on the Orange Island!

A. What   B. What a   C. How

因此，学生在学习的过程中，要积极思考，敢于向教材发问。

2. 源自课本

人教版新教材的每个单元都以一个话题为中心展开，而且每个单元的A部分的2d都有一个角色扮演的对话。因此，在教学中，教师可以引导学生找出对话中的几个核心问题，再展开问题化教学。例如，人教版英语七年级上册Unit 9 *My favorite subject is science*的对话：

Frank：Hi，Bob. How's your day?

Bob：It's OK. I like Monday because I have P.E. and history. They're my favorite subjects.

Frank：Who's your P.E. teacher?

Bob：Mr. Hu. He always plays games with us.

Frank：That's great! But why do you like history? It's boring.

Bob：Oh，I think history is interesting. What's your favorite day?

Frank：Friday.

Bob：Why?

Frank：Because the next day is Saturday!

Bob：Haha! That's for sure. I like Friday，too.

在这段对话中有5个问题，而这5个问题又是本单元的核心问题。学生很容易画出这几个问题，再根据自己的实际情况进行学习，同时可以通过对话的形式完成小组合作。最后，学生通过上台展示进行检测和反馈。

3. 源自生活

圣诞节将举行一场盛大的派对，以此为话题展开，学生们就会提出问题：什么时候去？（When do you go there？）怎样去？（How do you go there？by bus / by taxi / by train / by bike / by car...）穿什么衣服去？（How will you wear？）和谁一起去？（Who do you go with？）等等。学生可以通过提问来引出新知，如谁来组织？吃些什么？如果遇到一些状况，心情会怎样？针对这些问题，学生就可以通过自学及小组合作的形式学习新单词及句型。而这些问题均源自生活实践，与学生的生活经验有关，他们知道怎么表达，从而激发了他们的学习兴趣。

4. 源自学生自身的思考

问题处处存在，只要善于思考和发现就能找到各种各样的问题。记得曾经在一节阅读课的教学中，我设计的一个提问环节就是学生间相互提问。结果有一个学生站起来，针对阅读材料中所涉及的各种物品的位置，问：How many things have been mentioned in the passage? 这对初一的学生而言，确实是一个非常出彩的问题。提问促进了学生对于文章总体的把握，也增强了被问的其他同学通读全文、站在一定的高度来看待这篇阅读材料的意识。同时，问题可以在习题中产生，学生通过做练习会发现自己在学习中还存在哪些知识漏洞，哪些问题是自己尚未解决好的。

总之，问题的来源途径很多，关键在于教师要培养和引导学生发现问题的思维和眼光，并且及时进行归纳总结。问题乃问题化教学的根本，只有抓住与教学相契合的主要问题，才能将问题化教学推到一个新的高度。

参考文献

［1］胡小勇. 问题化教学设计——信息技术促进教学变革［M］. 北京：教育科学出版社，2006.

［2］孙丹. 英语学科中的问题教学探索［J］. 新校园（理论版），2010（5）：105.

质疑精神，学之关键

——初中英语教学中有效提问教学策略探究

湖南师大附中星沙实验学校　李登均

　　《普通高中英语课程标准（2017年版）》指出，英语课程承担着发展学生语言能力及学习能力，培养学生思维品质，树立学生文化意识的任务。提问作为英语教学的重要教学技能，是完成这些任务的重要手段。教师是学生进行思考学习的引导者、合作者与参与者。教师提问的有效性是判断一节课是否有效的重要依据。阅读课是初中学生英语学习的重要载体，在课堂上有效地设置问题更为重要。

　　本文结合执教教师在阅读课上基于核心素养的提问，探索核心素养理念下的有效提问策略。

一、有效提问的内涵

　　"不愤不启，不悱不发"是中国古代著名思想家孔子提出的教学原则，他提倡用问的方式来引导弟子学习，主张启发学生通过思考来解决问题。古希腊教育学家苏格拉底采用的"产婆术"教学原则，也是借助提问和进一步追问的方式启发学生思考问题，进而得到完整的答案。传统课堂采用满堂灌、满堂言的教学形式，大多数时候教师在课堂上采取自问自答的方式，使教学内容变得无趣，最终导致部分学生对课堂丧失了兴趣。

　　有效提问能引发学生思考，引导学生探究，训练学生的思辨思维，引导学生理解文本，使学生会运用知识分析和解决问题。有效提问的前提是设置有效的问题。对于初中英语教学来说，学生的英语水平尚处在基础阶段，课堂上教师提问应做到语言表达流畅，逻辑层次分明，所用英语词汇与句型应便于学生理解和领会。教师需要适时重复问题以帮助学生理解，学生通过思考教师的问题建立知识结构。

二、有效提问的策略

有效提问应遵循三大原则，即兴趣性原则、层次性原则以及启发性原则。提问贯穿整个教学过程，能够引导学生的思维由低层次向高层次发展，促进学生逻辑性、批判性及创造性等高级思维能力的形成。根据提问内容以及认知层次，教育家布鲁姆将问题分为六个种类，即认知水平类、理解水平类、应用水平类、分析水平类、综合水平类以及评价水平类。在本文中，笔者主要根据布鲁姆的问题分类对教师提问进行分析，并结合Tintin has been popular for over eighty years英语阅读观摩课提出四点提问策略。

1. 读前从兴趣出发挖掘有趣的话题

在初中英语教学中，问题乃是课堂的核心。学生与教师的课堂交流是一个输出、交换和反馈信息的过程。问题的趣味性可以在很大程度上提高学生的求知欲。教师应联系学生的生活实际，设计能够激发学生兴趣的问题，并适当设置悬念，激发学生的好奇心，让学生积极、主动地参与话题讨论。英语是一门语言，讲究学生的语用能力，因而学生积极参与话题、敢于开口说是学好英语的第一步。在导入环节，教师的提问能抓住学生的视线、引发学生的求知欲是至关重要的。

（教学片段）教师通过短视频让学生观看几位熟悉的卡通人物，分别是Snow White、Monkey King and Shrek，学生很快就发现了自己感兴趣的内容。学生观看完视频之后，执教教师通过问题引导学生找出这些卡通人物受欢迎的原因，并对他们进行评价。

T：Do you know this cartoon heroes？

T：Which of them do you like？ Why？

T：What's your favorite cartoon hero？ Why？

短视频中的卡通人物是学生熟悉的，因而对于之后的问题，学生可充分参与回答，其积极性被调动起来。教师接着进一步追问卡通人物受欢迎的原因，并给学生一定时间来考虑，引导学生对这些卡通人物进行评价。在此过程中，学生可以学习部分新词汇，为之后的阅读做好知识储备。

2. 读中根据"最近发展区"有层次地设置问题

"最近发展区"是由苏联心理学家维果斯基提出来的，它是指儿童独立解决问题时所能达到的实际水平与经过教师指导解决问题时所能达到的水平之间的那段距离。"跳一跳，摘果子"指的就是给儿童提供符合其最近发展区的任务。因此，教师在设置问题时，要充分考虑学生已有的知识水平，设置相应的问题或者难度略高于学生水平的问题来帮助学生获取新知识，完成知识的迁移。一般来说，在英语阅读课中经常出现yes/no是非性问题、选择性问题、wh-类问题以及how/why问题。是非性问题和选择性问题比较简单，学生基本不用思考，答案也很简短，属于低层次问题，基本都属于认知性问题。wh-类问题，即通过what，when，where，who和which来提问，这类问题会帮助学生理解文中基本的人物、事件、时间、地点等信息，属于事实性问题。学生回答这类问题时需要有一定的理解以及分析能力。how/why问题需要学生经过一定的分析判断，甚至推理才能得出答案，属于分析性问题，要求学生有一定的语言能力和思维能力，属于较高层次的问题。

（教学片段）执教教师在while-reading部分，通过对文本大意和细节信息的一系列提问，引导学生理解文本的内容和篇章结构，在此基础上对文中卡通人物进行分析；引导学生对其进行评价，最后总结出如何描写自己或他人喜欢的卡通人物。

问题具体分类如下：

（1）认知性问题：

Who are the heroes?

What do they look like?

What are they like?

Who invented them?

（2）理解性问题：

Why do Nemo and Shrek win the heart of young people?

What can we learn from Shrek?

What's the structure of this passage?

What's the best summary of this passage?

（3）评价性问题：

The Monkey King makes a terrible mess in heaven.

What do you think of his behavior?

However，many people still love him. Can you tell me why?

（4）综合性以及应用性问题：

From Paragraph 2，What should we write when we talk about our favorite cartoon hero?

执教教师在读中通过设置多层次问题，层层递进，一步步引导学生理解文本、获取信息，并设置开放性问题，让学生对卡通人物进行分析评价，进而将书中对卡通人物的描写与学生的实际生活联系起来，让学生讨论自己喜欢的卡通人物，学会如何描写卡通人物。从文本到学生的实际生活，问题的设置促进了学生思维品质的发展。

3. 读后依据文本内容进行拓展性的提问

在英语学科核心素养的背景下，阅读教学中对学生思维品质的培养已经成为重要的教学目标。在学生完成对文本内容的提炼、含义的理解、作者态度的获取之后，教师需要设计拓展性的活动，提出有效的问题来帮助学生最终达到语言输出的目的，以提升学生的思维品质。教学过程本身应是由输入、获取、转化，最终到输出的过程。在英语阅读课中的post-reading环节，部分学生能够用英语参与教师设置的活动，通过讨论积累作文素材，最终实现相应的输出。

（教学片段）执教教师在学生读完整篇文章后，给学生设置一个问题：What makes these cartoon heroes famous? 这是一个开放性的问题，答案并不唯一，也无法从书中找出原句来对应。学生以小组的形式进行了讨论，最终给出很多令人意想不到的答案，也让笔者思考是否在平时的课堂中未能给予学生一定的信心和时间。

4. 给予充分的候答时间和及时的答后反馈

教师在准备好文本并设置了有效的问题之后，给予学生充分的候答时间是有效提问的一个非常重要的方面。在提问过程中，当学生回答不出时，教师可给予一定的提示、引导并等待，甚至重复一遍题目，帮助学生厘清思路，继续作答。在此次观摩课中，在执教教师问到What do these heroes look like? 和What are they like? 时，答题学生的英语水平显然不是特别高，对于这两个问题一时没有反应过来，执教教师一直用鼓励性的语言如 "Don't be nervous！" "Think about it carefully." "Have a try！" 对其进行激励和引导并且自问自答，给学生做了一个示范，最终学生慢慢地说出了教师想要的答案。

与此同时，及时有效的答后反馈是课堂上有效提问必不可少的一部分。在教师提问和学生回答之后，教师应及时给予恰当的纠正或反馈。但笔者发现在部分课堂中，教师在学生未能给出正确或令人满意的答案时，会先批评再讲解，这只会增加被提问学生的紧张感和羞愧感，容易导致其在之后的课堂中不再参与回答教师的问题。而在有些课堂中，教师又过分使用夸赞以及表扬。表扬在某种程度上可以提高学生的自信心，有利于创设一种轻松的学习氛围。然而，仅有单一的表扬，没有详细的解释和评估，就不能称之为有效的反馈。

三、结语

提问是教师课堂用语的重要组成部分。在英语阅读课中，读前设置学生感兴趣的话题，读中在学生最近发展区进行有层次、多样化的提问以及读后设计拓展性活动，将会给课堂教学带来很大的帮助。教师应合理设计有思维含量的问题，引导学生进行多方面的思考，进而提升学生的思维品质。

参考文献

［1］薛玲燕. 对初中英语课堂教学中教师提问有效性的研究［D］. 西安：西安外国语大学，2018.

［2］金艳艳. 基于思维品质培养的初中英语阅读课提问策略研究——以一节 "江浙沪京" 名师英语阅读课有效教学观摩课为例［J］. 海外英语（下），2018（12）：186–187，191.

［3］陈英奇. 课堂提问技巧在初中英语教学中的作用与策略［J］. 学周刊，2018（13）：74–75.

［4］汪凤炎，燕良轼，郑红. 教育心理学新编［M］. 广州：暨南大学出版社，2006.

［5］高慎英，刘良华. 有效教学论［M］. 广州：广东教育出版社，2004.

让英语学习插上想象的翅膀

——试论想象与英语学习

长沙县松雅湖中学　黄英

　　想象是人们在大脑中形成影像的过程。想象在思维过程中的作用不可低估，它能帮助我们理解并组织进入大脑的信息，给我们提供推理和决策的方法，帮助我们选择适当的反应方式。研究表明，想象同样有助于我们的英语学习，可以使英语学习变得更容易。

　　我们知道，人的左脑是语言脑，右脑是图像脑；左脑用语言来处理信息，右脑用图像来处理信息。人都有想象力，儿童对想象的依赖性更大，很多结果都是通过想象取得的。那么，我们在"教"与"学"中有没有利用想象呢？事实表明，多数学校教育都依赖于左脑的逻辑思维能力和分析能力，而忽视了右脑的想象能力的发展。可如果人的形象思维能力长期闲置不用，这种能力就会随着年龄的增长逐渐萎缩，而且左脑的长期使用会对右脑功能产生抑制作用。但是，如果使用右脑得当，想象就能给学习带来巨大动力，因此运用想象来学习，尤其是进行语言学习，所取得的成果是非常不同的。我相信，只要我们能适时地给英语学习插上想象的翅膀，学习者就能轻轻松松地学好英语！

　　第一，右脑的想象力对人的记忆起着超乎寻常的作用。记忆的基础是想象。右脑的想象机能能够将收到的信息进行快速转换，把听到的语言变成图像，或者把图像变成语言；右脑也能把图像变成数字或者把数字变成图像，还能把声音、乐谱、颜色和气味变成图像，这样，右脑就能大量记忆快速进入大脑的信息。知道想象有助于记忆已有几百年历史了。早在古希腊时期，诗人、演说家Simonides以及他以后的罗马演说家们就很充分地应用想象力来帮助记忆。他们在大脑中把他们的演讲词想象成一个一个的建筑物，然后让自己的思想穿过这些建筑物，这样就能很容易地记住他们的演讲词。

今天的一些语言学家也用实验证明了想象在记忆中的作用。他们创立了一种叫作"钉子系统"的理论来帮助语言学习。比如，你新学了十个项目，而这十个项目就如同分别挂在十个钉子上，最好再给它们标上序号（one-sun, two-shoe...）。实际上，这有点像我们常利用的关键词技巧，如在学新词时，我们可以把它和已熟悉的某个词联系起来并在脑海中通过想象产生一个意象，而这个意象就能在以后使我们很快想起这个新词。如果这个意象不寻常或奇特、令人惊讶，或在某种程度上能够吸引注意力，则会更有效地帮助记忆，从而使学习更容易、更愉快。在学习中，我们知道哪些具体单词比较容易记忆，正是因为这些单词的背后已经有了明确的影像（单词代表的具体事物）。Fogarty曾就此阐述道："Images and words together create a more powerful learning episode."

同样，平时在我们想要记起什么的时候，相关的图景就会浮现在眼前，也就是在大脑中形成影像。其实，人的记忆大都是作为图像储存在大脑中的，所以这种记忆能够长期保持，是一种优质的记忆。因此，想象是记忆系统不可或缺的一部分。

第二，语言学习需要学习者学会把注意力集中在意义上而不是形式上，想象有助于这一过程的实现。比如，有的学习者首先想好要说什么，接着把要说的内容在大脑中用母语去表达，最后再译成目的语。这样做当然会造成语言运用的困难。然而，如果学习者通过想象把要说的内容形成一个影像，然后从影像直接过渡到目的语，这样就可以跳过翻译这个环节。Robert O'Neill曾为我们呈现了一个此方面的例子。那是在阅读一篇短记叙文的时候，需要引导学习者回答一些问题，但这些问题都是依据学习者在头脑中形成的影像而提出的，绝不是以实际的文字内容为基础的（如读到As the rain fell, Mary was looking out the window nervously...，便问道：What was Mary wearing? How tall is she?）。这样一来，学习者就不用担心在答案上会出错，他们的注意力就很自然地被吸引到自己脑海中建构的语言意义上了，这点恰恰符合语言习得的理论。而我们一直鼓励英语学习者运用英语思维，难道想象不正是在不知不觉地帮助我们达到这一目标吗?

Goody曾强调: "Language lives only when meaning breathes life into form and transcends it."他还着重指出,语言的很多部分都是对大脑中的图像进行翻译的结果。作为语言教师,我们必须时常唤起学生的想象力并使他们在头脑中形成一系列影像,因为没有这些影像,就没有成功的语言学习。

第三,想象有利于阅读及其他语言技能的训练。在这一点上,Tomlinson认为,对于外语学习者来说,如果想象力没有形成或发展好的话,阅读和语言学习就可能随之变得更加困难。因为如果学习者不能看到自己大脑中的关于某篇文章的画面,他们就很难达到对这篇文章的全面理解,其对文章的体会也只能停留在不完整、肤浅的水平上。久而久之,学习者会对阅读失去兴趣,更不会试着将在母语中所获得的阅读技巧转用到外语学习上,因此他们对于外语课文的学习不可能深化和有意义,从而使外语学习变得更加困难。Tomlinson认为我们应该把想象当作一个阅读的技巧。他还说,在所有的学习技巧中,想象能够使人本身已有的知识和技能系统做好准备,进而带来更容易的综合理解和更丰富的语言产出。

第四,想象能提高一个人阅读的速度。超觉英语的发明者王振光教授就提倡一种快速阅读的训练方法——残留图像观察法,即要求用最短的时间快速地观看图像全貌,然后迅速闭上眼睛,静静地"想"头脑中产生的图像,静气定神,尽力盯住图像的残留影子,坚持训练,直到能够在大脑中较长时间地保持住这种图像。他说,这种图像维持力其实就是记忆力的一种形式,是形象化的记忆;阅读理解力不强从一定形式来说就是记忆力差,刚刚看过的词组或句子在大脑中迅即消失,其痕迹不能保留在大脑中,因此前面的文字内容就不能在大脑中与新的文字内容进行火速的信息交流和综合,也就不能在阅读中得到快速吸收和理解。

第五,想象能帮助写作。在要求学习者完成某个写作任务前,教者可先引导学习者充分发挥他们的想象力,想象相关的情境和可能发生的情况,这样能使他们的写作内容更丰富和更细节化最好在下笔前让他们彼此口头描述一下自己想象的内容。例如,在学习者学习了马丁·路德·金的*I have a dream*这篇演讲后,教者可要求学习者首先选择一个他们已有的梦想,接着在放松的状态下,通过想象,体验自己已经成功实现了自己的梦想,然后想象自己正在看什么、做什么，是什么样的感觉……最后要求他们写一篇外语作文。

第六，想象有助于语言学习。我们都知道，语言的学习尤其是外语的学习需要进行大量的操练。Mclaughlin指出，对于语言学习中的认知技能，要想使之变成学习新知的一种自动和自由的注意，操练是一种非常必要的活动，而且必须重复练习。可是我们进行得最多的是一些动词变形练习和一些机械的语法练习，这样的练习虽然可能会使语言运用得更准确，却根本不可能使语言更流利。但是，如果我们利用想象，就能进行另一类型的语言练习，我们姑且把它看作一种排练，即想象自己处于将要使用所学语言的某个情境，然后在其中不断操练语言，这样做会很快达到理想的语言流利度。Assagioli认为，生动形象地想象某种行为表现得非常成功，会训练我们的大脑和身体最终产生更好的表现。曾经有过一个实验：一个美国学者要去欧洲参加一个国际会议，可他的法语和意大利语不好，所以他就想象自己在会议期间和别人交谈，在碰到语言障碍时都想办法解决了；然后想象自己在这两个国度旅游，并和那里的人轻松交流。没想到他的法语和意大利语的准确度和流利度都很快得以提高了。

第七，想象有助于在语言与学习者情感之间建立联系。有关研究发现，想象与情感之间存在一种重要的循环关系，情感因素渗透在想象中，而想象又刺激情感状态的变化和发展。这种相互影响的关系对语言的学习很重要，因为我们都知道，当我们以积极的情感参与学习过程时，学习效果就能得到提高。而在情感与语言之间建立联系最容易的途径就是影像，如单词只是一连串的字母，本身没有意义，也没有情感成分，单词之所以能够引起情感反应，是因为我们大脑中与单词连在一起的影像。所以，充分利用想象，有助于在语言与学习者的情感之间建立联系。

Kosslyn认为，人们通常说的个性在很大程度上就是在大脑中对"自我"形成的一些影像，少部分的自我或别人的评价是作为图像储存在大脑中的。所以，我们可以利用想象力来改变这些图像，从而进入更有利于语言学习的情感状态。例如，当学生遇到学习困难时，可以通过想象自己很容易地解决了这个困难来克服。他们也可以在自己感到情绪低落、有了挫折感时，通过想象使自己的情绪好起来。有指导的想象能带来一个更好的情感和认知能力的融合。

学习焦虑对语言学习的负面影响是大家都明白并想解决的一个问题，而想象活动有助于降低学习焦虑程度。Seville大学就做过一个实验，这个实验能让我们很清楚地看到这一点。两组十五岁的学生被选作实验对象，这些学生首先陈述了自己对听力考试的焦虑感，然后实验组被要求在每次考试练习前都进行想象以达到放松的目的，而控制组只做练习。经过六次考试练习后，再进行测试，发现实验组的分数提高明显大于控制组。

人的自尊和自我效能感也能通过想象得到增强。在放松的状态下，人在思想上更能接受自我形象和自我能力的重新建构。NLP已经表明过，如果一个人能想象自己在做什么，他就更有可能做好它。

移情心理是语言学习中一个很有用的品质，而它也是可以依赖想象得到培养的。Miller提出，利用想象和直觉，我们可以感受别人的情感和思维，这一点在交际行为中很重要，尤其是当语言学习涉及文化背景时。他还建议我们在课堂上把想象的情境作为小组讨论、辩论等的材料。当然，我们现在很多教师已经在英语课堂上这么做了。Mulligan说得好，"Imagining helps us transcend current experience of reality and combine the possible with the impossible."

总之，如果我们能善于引导和开发学生右脑的想象功能，我坚信，英语学习将会是一件容易和轻松的事情。当然，这还需要我们进行不断探讨和摸索。想象不是轻而易举的事情，教师还要设计适当的活动，介绍利用想象的方法，帮助学生培养想象力，只有这样才会真正地让学生犹如插上了翅膀，在语言学习的世界里自由翱翔。

参考文献

[1] Jane Arnold. Affect in Language Learing情感与语言学习［M］.北京：外语教学与研究出版社，2000.

[2] 七田真.超右脑英语学习法［M］.李菁菁，译.海口：南海出版公司，2003.

［3］王振光.潜意识下的英语奇迹［M］.北京：北京大学出版社，2006.

［4］李真微.中学文科教师科研论文导写［M］.长沙：湖南师范大学出版社，2000.

［5］Jack C. Richards，Theodore S. Rodgers. Approaches and methods in Language Teaching语言教学的流派［M］.北京：外语教学与研究出版社，2004.

初中英语任务型教学的课题研究实践记录及反思之我见

长沙县百熙中学　　王婀娜

我在农村从教二十余年，工作中埋头苦干，却没有静下心来总结反思，没有环顾四周汲取各种新鲜教学理念，没有对自己教学生涯的展望和规划。英语大咖李宇老师给我推荐了龚亚夫和罗少茜编著的《任务型语言教学》英语教学理论与实践丛书。教学之余，我静心阅读并做笔记，就像一个学生一样认真学习，这使我有了方向、有了目标。在教学工作中有人带领、有人督促、有人帮助，我体验了许多、懂得了许多、收获了许多，在教育理念和教育技能方面都有了相应的提高，确立了初中英语任务型语言课堂教学模式的指导思想及理论依据，并结合自己的教学实践记录尝试运用了一个新的教学模式——任务型阅读教学模式。

一、课题的研究目的

长期以来，我国中学英语阅读教学普遍采用的是以教师为中心的、传递接受式的传统课堂教学模式。这种课堂教学模式以教师为中心，教师的讲解占据课堂的绝大部分时间，学生在学习过程中基本上处于被动的学习状态，是"要我学"而不是"我要学"的状态。学生缺乏自主学习、合作探究的积极性，学习上缺少主动性和创造性。英语阅读教学过程侧重知识结论，忽视知识过程与能力培养，学生的学习局限于书本知识。目前，全国的基础教育正在从传统的应试教育逐渐转向素质教育。初中英语教育并不旨在培养少数"精英学子"，而旨在确保每名学生均在语言上学有所长，并能适应当今社会的快速发展。阅读的目的不仅是欣赏，更重要的是获取信息，并利用信息解决问题。那么，如何将阅读教学与任务型教学进行有效结合？

我根据现行初中英语教材中各单元阅读课文教学的核心容量大、密度高、话题广、课时紧的情况，结合任务型教学途径，在个人教学实践中构建了一种"提出任务—前期任务—任务环（限时自读—导读—复读）—完成任务—任务评价"的基本课堂任务型阅读教学模式，以"任务"来调动学生课堂英语学习的积极性，创设各种机会和条件，让学生在真实的任务情境中参与语言实践活动，不断提高他们的语言运用能力。

二、课题的理论记录

（一）克拉申的语言输入假说

美国语言教育理论家克拉申认为，在语言的习得过程中，教师应为学生提供足够的可理解的语言输入（Input Hypothesis）。大量的语言输入是语言学习的基本条件，这些语言输入应该为学习者所理解或者适合学习者的水平，学习者可以通过上下文的线索，通过运用已掌握的语言知识对语言材料进行理解。除此以外，这些语言输入应该既有趣又有关联，"此时此地"原则从语言习得的角度印证了这一观点。要让学生在轻松愉快、心理障碍最小的环境中自然习得语言，只有这样，语言输入才能更有效地被大脑吸收，并产生良好的学习效果。

（二）斯温纳的语言输出假说

斯温纳提出了语言输出假说（Output Hypothesis）。她认为，语言输出在语言习得过程中具有三个显著的作用：首先，引起学习者对语言形式的注意；其次，为学习者提供自我检验和提出假设的机会；最后，为学习者提供有意识地反思的机会。她还认为，语言输出活动不仅能使学生练习运用语言，增强使用语言的流利性，而且能使学生发现自己在使用语言时存在的问题，以便改正。

（三）任务型教学

任务型教学（Task-Based Learning，简称TBL）是20世纪80年代外语教学法研究者和第二语言习得研究者在大量研究和实践的基础上提出的又一个有重要影响的语言教学途径。英国语言学家Jane Willis指出，任务型教学的理论框架包括三个部分：前期任务（pre-task）、任务环（task-cycle）和语言关键点（language focus）。我国语言学专家龚亚夫和罗少茜认为，任务型语言教学的理论依据来自语言习得研究、心理语言学、课程理论和社会建构主义理论，并提出"形式与意义的结合"原则，把"脚手架"（scaffolding）原则理解为"扶助性"原则。

（四）结论

建构主义认为，知识不是通过教师传授获得的，而是学习者在一定的情境，即社会文化背景下，借助其他人（包括教师和学习伙伴）的帮助，利用必要的学习资料，通过建构意义的方式而获得的。

三、任务型阅读教学模式

任务型阅读教学模式：设境激趣，导入任务—呈现新知，学法指导—自读讨论，教师导读—协作交流，完成任务—汇报成果，总结反馈。

四、课题的运用

下面我以人教版初三英语第六单元第二课为例对任务型阅读教学模式进行阐述。本单元学习被动语态，本节课是该单元的第二个课时，学生对被动语态的基本结构以及茶的制作方法已有了初步了解。本节课是阅读应用课，主题是如何将茶的发明历史与中国茶文化结合起来。

（一）设境激趣，导入任务

对于任务型英语阅读教学，教师要明确学生阅读的内容、方向，并给出指导性意见。教师应根据教学进度的要求，结合教学内容确立英语阅读课的主题。同时，英语语言学习总是与一定的社会文化背景，即情境相联系的。在英语阅读课上，"情"包含在阅读课文的内容中，"景"是课文内容所构成的整体画面。教师应充分利用辅助教学手段以及学生的生活背景，为学生的英语阅读创设一种接近真实的教学情境。

该课的任务导入：首先，学生根据教师播放的多媒体视频猜测一个单词——tea；接着，教师点明主题，即本节课的任务是继续学习茶的发明历史和中国茶文化。但为了完成该任务，学生必须先学习一些新知识。

（二）呈现新知，学法指导

（1）该课语言点的导入。教师通过视频讲解茶的历史（如茶的起源、茶的种类、茶的发展以及中国名茶等），引出tea这个单词，并由导入视频引出下面一系列的语言点：

① Tea was first invented in China.

② Tea comes from tea plants.

③ Tea trees mostly are grown in the south of China.

④ Tea was brought to the western world in 1610.

（2）本节课活动——做调查。学生调查同伴的爱好并为其选择喜欢的茶，完成该活动后做调查汇报。学生在进行多角度的观察、理解、整合的过程中，必然会遇到各类具体的细节问题，而教师的指导不可能也没必要面面俱到。因此，学生分组协作交流是学生自主学习的有效补充。

Who	Loves	Advantage
Li Ming	green tea	keep healthy

（三）自读讨论，教师导读

（1）本节课的阅读任务——学生快速阅读短文，理解三个自然段的大意，读完后进行小组讨论，检查答案。这一环节要求学生完成自读，借助教师准备的可检测其整体理解的问题，初步理解全文内容。

这一环节可以是小组内的交流活动，也可以是全班同学围绕某中心问题展开的课堂讨论。通过互动交流，学生对所阅读的内容有了进一步的理解。最后，教师进行评价。

（2）教师导读。学生再次进行精细阅读，回答课文所提的问题，教师帮助学生解决。在这一环节，教师作为指导者应通过多种方式和途径，着重训练学生的阅读技巧，引导学生抓住文章的中心和关键，把握全文，厘清思路，并帮助学生扫清理解障碍，提高阅读能力。

本环节通过多媒体课件呈现疑难问题，学生讨论并提出其他疑难问题：

① When was tea first drunk?

② How was tea invented?

③ Who was called "the saint of tea"?

④ What is Cha Jing about?

⑤ When was tea brought to other countries?

（四）协作交流，完成任务

在这一环节，教师组织学生根据前期获得的信息进行小组讨论，发挥合作学习的优势，展开不同视角和观点之间的相互碰撞与补充，完善任务成果。

本堂课在该环节开展了以下两个活动：

（1）检查家庭作业——茶博会的脱口秀。学生以小组为单位开展竞赛，看哪一组列出的茶文化最多，并将口号和茶文化写在黑板上。

（2）学生以小组为单位根据列出的茶文化，结合自己组的爱好，完成本节课的任务——为传承中国茶文化制订一个方案。

（五）汇报成果，总结反馈

本环节主要让学生根据自己组的情况汇报成果并进行评价。评价主要由学生的自我评价、同伴评价、集体评价和教师评价等组成。教师让几个小组成员对其他组的成果进行评价，选出最佳方案。学生通过作品的展示、不同观点之间的相互补充，完善、加深了对该堂课的理解。最后，教师总结本节课的内容，并播放幻灯片，号召学生热爱和传承、发扬中国的茶文化乃至传统文化，同时播放关于茶文化的歌曲——《中国茶》以引起学生的共鸣。

Tea is like life，life is like tea.

Become a tea lover today.

Make China a better place for you and for me.

Make the world a better place for you and for me.

五、我的反思

本节课以"任务"来调动动学生课堂英语学习的积极性，通过语言输入和输出，创设各种机会和条件，让学生在真实的任务情境中参与语言的实践活动，不断提高他们的语言运用能力。有了任务，学生的思维和想象就会遵循一定的方向展开，心智活动就会少阻滞、多流畅，学生就会在较短的时间内表达较多的思想；有了任务，学生的语言学习就能从对知识的获得和规则的理解发展到对意义的表达和能力的培养。在这一过程中，教师充分运用多媒体课件创设情境，帮助学生建构阅读图式，提高阅读能力，使阅读的目的不仅是欣赏，更重要的是获取信息，并利用信息解决问题。而任务与阅读相结合，使阅读有了新的意义。本节课也让我感觉自己在教学的道路上刚刚开始真正的成长，还存在很多不足，课堂落实的效果还需要提高，还需要不断实践和提高专业技能，只有多学习、多请教、多钻研，才能做一名研究型的英语教师。新形势下的教师要由过去的标杆式传道者与念经式传话筒转变成学生自主学习的桥梁搭建者，这就需要教师用耐心和时间将新教学理念落实到行动上，为每个学生的全面发展和终身发展奠定基础。毕竟，不忘初心，方得始终。

参考文献

[1] 龚亚夫，罗少茜. 任务型语言教学（修订版）[M]. 北京：人民教育出版社，2006.

[2] 李璐. 输入假设与输出假设对英语教学的启示 [J]. 创新教育研究，2019，7（2）：151–154.

[3] 施婉清. 初中英语教师反思性教学的实践研究 [D]. 福州：福建师范大学，2013.

核心素养视域下初中英语教学探索之我见

长沙县百熙中学　王婀娜

随着社会的发展及人才培养理念的转变，我国提出了"核心素养"这一概念。语言能力、思维品质、文化意识与学习能力是英语学科核心素养的主要组成部分。核心素养是学生在接受相应学段的教育的过程中逐步形成的适应个人终身发展和社会发展需要的必备品格与关键能力。我是一名在农村学校工作了22年的英语教师，针对我的教学实践的得失，现就核心素养视域下的初中英语教学谈谈我的点滴体会。

一、秉持新的教学理念，制定合理的教学目标

22年从教生涯告诉我，一名初中英语教师在走进课堂之前，一定要先深入研究英语新课程标准的理念，在准确把握初中英语课程标准总目标的基础上，激发学生的学习动机；结合初中英语课程标准确立的中学生发展核心素养体系，即文化基础、自主发展、社会参与，进一步明确学生应具备的适应其终身发展和社会发展的必备品格和关键能力，落实立德树人目标。教师要根据实际情况制定合理的教学目标，培养全面发展的人；要培养学生的语言能力，包括语言意识、语感、语言理解能力、语篇能力、交际能力、语言表达能力以及价值取向，切忌不切实际、不合学情。如果制定的目标过高，学生会因屡遭失败而丧失学习英语的信心；如果制定的目标过低，学生会因其过于简单、缺乏挑战性而感到索然无趣。例如，对于语法项目表中过去将来时、过去完成时、过去进行时、冠词、感叹句、构词法、动词种类、句子成分、动词不定式作主语及作定语的用法等知识点，因其较难掌握，初中英语课程标准只要求学生理

解，不要求掌握。如果要求学生都掌握，学生会因为内容太难、屡遭失败而丧失学习的信心。因此，制定合理的教学目标是初中英语课堂教学成功的关键。

二、激发学生的成功感，培养学生的学习兴趣和思维品质

现在，有很多学生的学习都是被动的，他们享受不到学习的快乐，因而渐渐变为学习的奴隶。作为一名英语教师，我在教学中会根据学生的实际情况，运用不同的教学方法，千方百计地激发每个学生的学习积极性，让他们在每一次微小的进步中获得成功的愉悦，以促进学生产生学习动机，从而培养学生的思维品质。例如，在教授人教版英语八年级下册Unit1 *What's the matter*？ Section A中的foot, neck, stomach, throat, knee, head, nose等单词时，我先在黑板上画一个人头，并且说："This is my head."然后边画边说："This is my head / neck / throat / knee / nose..."之后我用英语说部位名称，学生边听边做动作，若正确，就说明学生已经掌握了单词；若不正确，就鼓励他们手、脑、嘴并用地继续练习，直到正确为止。这样既可以让学生在愉快的氛围中学会并掌握新单词，又可以让他们感受到成功的快乐。看着学生们脸上的笑容，我由衷地有一种使他们在语言习得的过程中获得思维品质的培养的成就感。

三、课堂上开展游戏、抢答、表演等活动来培养学生的学习能力

兴趣是最好的老师。初中生争强好胜，因此在教学活动中，教师可以采用游戏、竞赛、抢答等富有挑战性的活动来激发学生的学习动机。比如，人教版英语七年级下册Unit9 *What does he look like*？ Section A，本课学习have和has的用法、描述性形容词以及描述人的外貌。首先，我在教学中采用做游戏的方式，呈现描述性形容词及人体部位的单词和短语，把全班学生分成六组，每组选出一名学生到讲台上来。然后我说："A round face, a big head, a wide mouth, short hair, big eyes, a small nose"，每名学生轮流画出相应的人物头像，并描述自己画的人物头像的部位。接着，我利用已准备好的图片让学生用"形容词+人体部位"的短语来描述图片，而后过渡到have和has的用法。例如，I have long hair. / She has big eyes. / They have small ears.等。通过接龙游戏，我让学生进一步操练have，has的用法。例如，S1：I have a big nose. S2：I have a round face. S3：I have a small head...在最后一个环节，通过抢答游戏，我请几名学生

上台轮流描述同学们的外貌，其他同学闭上眼睛认真听，然后猜一猜描述的是谁。例如，一名学生描述："She is a girl in Group One. She has big eyes and small ears. She has a wide mouth and a small nose. Who is she？"其他学生都抢着回答："She is..."通过接龙游戏、抢答活动，课堂气氛热烈，学生也基本掌握了这节课的内容。在初中英语教学中，教师还可以把表演引入课堂教学。例如，在学习了现在进行时后，教师请一名学生上台做动作，教师问："What is he/she doing？"其他学生用现在进行时进行抢答。在抢答的过程中，学生既复习了所学的许多词语，又练习了口语，锻炼了能力，提高了英语学习水平。

四、及时反馈、评价，强化学生的学习动机和文化意识

实践告诉我，能否及时获得反馈信息对师生都很重要。通过及时获得反馈信息，教师可以及时了解学生掌握知识和技能的情况及问题所在，以便及时调整教学方法与策略；学生也能及时了解自己知识掌握的不足之处，以便不断改进自己的学习方法。反馈的结果通常能引导积极性的变化。例如，我在2016年专门针对英语课堂评价写了一篇论文《英语教学中的多维评价与自主学习培养之我见》，用真实的教学案例（某学生的两年英语学习成长案例）分析和总结了反馈与评价的重要性，获得市一等奖；再如，在上完一节课后，我会出一些与这节课内容有关的测试题，要求学生当堂完成，根据测试结果反馈学生的知识掌握情况，然后当堂评讲。我认为及时的测试反馈既能让学生巩固所学的知识，又能强化学生的学习动机。教师肯定的评价语言会进一步增强学生的学习动机。在课堂上，教师要以鼓励为主，在学生答对问题时，教师要说"Good. / Very good. /Thank you. / Wonderful. / You are very clever."而进行否定的评价时，教师应注意语言要中肯，如课堂上学生答错问题时，教师不能沉下脸来马上让学生坐下，以免挫伤学生的积极性，而应说"Think it over. / Try again，please. / Don't worry."或给他一些启发性的提示，学生实在答不出来时也不要说"You are stupid."之类的话。这样学生在课堂上回答问题时就会积极踊跃，从而强化了学生的学习动机。英语教材中的话题学习还可以引导和培养学生的文化意识。

回顾和审视自己多年的英语教学体验，有成功、有失败，有欢乐、有泪水。通过汲取英语大咖们以及黄英初中英语名师工作室的丰富经验，我深刻明

白了MINDSET的真正内涵，即教师应该时刻将新课程、新课标理念放在心中，以学生为中心，将过去的talk&chalk转换成guide by the side。进行单元整体教学时，教师要遵循渗透式教育的宗旨，指导学生深度学习，而不是表层学习；让学生将知识内化，不仅会学，还要学会；让学生变"要我学"为"我要学"。关于思维教学，教师要跳出教英语的模式，不能仅仅教知识；平时要培养学生的归纳与提炼能力（话题主题化），让思维可视化（用思维导图）。此外，教师还要注重非智力因素的培养，包含书写（衡水体）、心态、信心等。

总之，教研和反思是教学的源头活水，唯有学习和反思才能让教师脑中有智慧、手中有技术、心中有规则。我知道英语教育教学中有许多东西可学，我将一如既往地以"空杯心态"继续努力学习和汲取好的理念和教学经验，将之运用到自己的教学实践中来，并且在教学中不断地探索和总结，找出各种行之有效的方法。只有这样，才能点燃学生内心学习英语的一把火，才能有效地提高英语教学质量，才能真正地落实学生英语学习"核心素养"和"21世纪技能人才"的培养目标。

参考文献

［1］施婉清.初中英语教师反思性教学的实践研究［D］.福州：福建师范大学，2013.

［2］周微.反思在英语教育实习中的应用［D］.曲阜：曲阜师范大学，2011.

真实情境考语用，学科育人重评价

——2021年长沙中考英语试题导向性分析及思考

长沙县泉塘中学　盛　灿

以往，在考试大纲（《初中毕业生学业考试科目说明》）的指导下，教师对中考的考试内容、题型结构、分值占比等了然于心。因此，大部分英语教师的教学就只针对中考进行。在这样的教学方式下，学生英语综合运用能力就被大大地限制了，学生成了应试工具，而无法真正地学会英语。对中考试题导向性的深刻分析和思考有利于引导教师树立课标意识，进而改进教学方式。

一、命题特点体现英语学科核心素养

1. 面向全体学生，培养思维品质

2021年长沙中考英语试题形式多样，仅阅读理解就包含了阅读图表题、阅读选择题、阅读信息补全题和阅读简答题。形式多样的试题类型更有利于全面考查学生的英语阅读能力和思维品质。比如，信息补全题篇目为阐述性说明文——"极简生活（Living with Less）"，有大标题和小标题。其结构为提出问题（以一个事例引出问题）—发现原因—提出建议或利弊—得出结论或找到方法。学生如果了解了这种语篇结构类型，就能准确地把控5个选项，从而实现对语篇全文和语段前后文理解能力以及逻辑思维能力的培养。

2. 注重英语运用，发展语言能力

学生学习英语无非就是为了学会用英语来解决问题，培养综合语言运用能力。本次中考着重考查了学生在真实情境中运用课堂所学知识解决实际问题

的能力。无论是对话层面还是语篇层面都与学生生活及社会实际密切相关。例如，听力题涉及天气、未来工作、赶火车、邀请、图书馆借书等日常生活话题，都是在教学生如何用所学英语知识来解决生活中的实际问题。阅读题中的"酒店招聘"等篇目都是学生现实生活中发生的或学生走入社会后会遇到的问题。试题中还有书面表达题，虽然是学生熟悉的话题，但学生在写作中需要调动与话题相关的已有知识，将所学知识按作文要求组织在一起，用书面形式来表达自己的观点。这就是用英语来解决实际生活中的具体问题。

3. 融合中外文化，深化文化意识

根据新课标，语言与文化是密切相关的，学生要在英语学习过程中了解外国文化，更要深刻地理解祖国的文化，从而培养爱国主义精神。本次中考英语试题题材和体裁丰富，囊括人与自然、人与社会、人与自我三大主题，学生答题的过程就是一次丰富的文化之旅，学生通过答题学会运用语言、感知世界。例如，语法填空篇目"著名小说家马克·吐温的《百万英镑》的节选片段"涉及来自不同国家的文学作品，有助于拓展学生的文化视野；语篇翻译是关于中国北方传统艺术形式秧歌的介绍，学生在阅读中能深刻地感受到我国博大精深的传统文化艺术，家国情怀油然而生。

4. 丰富学习资源，培养学习能力

在科技高速发展的今天，科学家之所以预言教师永远不会被IT取代，是因为教师在教学中不是单纯地传授知识，更是对学生学习能力进行培养。作为英语教师，我们对学生提出具体学习策略及对其自主学习能力的培养进行指导是相当重要的。"互联网+"时代的资源丰富程度已经超乎人们的想象，而教材的更新如果跟不上时代的发展，就自然满足不了学生的需求。为此，教师应引导学生利用好网络等现代技术和媒体资源，不断丰富学习资源，学会自主学习。试题中"极简生活（Living with Less）"语篇材料就是引导学生梳理自己的生活乃至思维，从而让学生联想到有效的学习策略。"法国的科学实验课"也是教学生通过和西方课堂的对比，学会如何在具体科目的学习中掌握更好的学习方法和策略的。

二、试题导向下的教学思考

1. 情境教学，强化语篇意识

本次中考英语命题囊括了多种类型的小主题，涵盖了人的生存发展所面临的方方面面。在人与自我主题下，有游泳运动员Martin的坚持不懈、奋斗不息；有"极简生活"方式对缓解压力、改善健康的益处；有"我"在教师的鼓励下努力克服口吃的毛病，最终战胜困难；等等。人与社会主题下，有听力语篇中的未来职业、预约采访、图书馆借书等；有阅读语篇中的酒店员工招聘、摒除唯分数论的考试评价改革、法国实验课堂、中国传统秧歌艺术等；有作文中的社会热点话题——亲子关系的处理；等等。人与自然主题则突出了人与自然和谐共处，如"极简生活"中强调利用更少的物质资源、缩减不必要的开支等。由此我们也能观察到，三大主题之下的语篇内容的设计逐步引导学生形成体、美、劳等相关理念，落实了立德树人的首要目标。所以，在实际教学中，我们应该围绕这三大主题，就生活中最真实、最符合学生认知的话题来创设情境，让学生用英语来解决生活中的问题。

2. 夯实基础，提高语用能力

英语课堂中进行模仿朗读、角色扮演以及故事复述等都是提高学生语言运用能力的好方法。这就为教师的教学改革指明了方向——如今的英语教学不再是纯知识的传授，而是要把学生培养成为祖国需要的人才。例如，有关评价制度改革的阅读篇目就让教师明确，学生的考试分数已不再是唯一的评价标准，而艺术鉴赏能力、动手能力、思考能力日益重要；阅读简答题中的法国实验课堂，更是让教师意识到要在课堂中教会学生规则意识、合作精神，提倡民主开放，彰显任务型课堂的魅力；完形填空题中教师对口吃学生的鼓励，告诉教师其身份已从知识传授者变成了学生的引导者，承担着对学生进行引导和鼓励的重任。

3. 学科育人，落实评价体系

高考评价体系中有"一核、四层、四翼"，其中"一核"为核心功能，即"立德树人、服务选材、引导教学"。本次中考英语命题就完美地体现了立德树人、引导教学的功能。试题中秧歌传统艺术形式介绍展示了我国优秀传统文化，激发了学生的爱国情怀；描写游泳运动员Martin坚持不懈、奋斗不息的篇目也向学生倡导了运动和健康意识，同时渗透了坚韧不拔等优秀品质。因此，教师在教学中要培养学生的文化自信、民族自豪感以及家国情怀，让学生具备传播我国优秀传统文化的能力。

综上所述，教师要在教学实践中把教学与研究有机结合起来，以培养学生的学科核心素养为目标，不断更新自己的教学理念，改进教学方式，提高教学效果。

浅谈小学英语学习情况对初中英语教学的影响

长沙县松雅湖中学　刘　莎

学生小红，是一个刚进入初中一年级的女生。在所有学科里，她最爱的科目就是英语。她是从小学三年级开始正式学习英语的，小学就读学校是县城一所有名的小学。这所学校虽然平时考试不考英语科目，但是对英语教学却十分重视。小红很喜欢她的小学英语教师，她知识面广，英语语音、语调非常出色，在平时的英语教学中非常注意提高孩子们的外语学习兴趣，让孩子们觉得英语简单有趣，也让孩子们觉得上英语课是一种享受。另外，小红的妈妈是一个非常重视孩子教育的家长，在小红还没正式学习英语的时候，就带小红参加英语兴趣班学习英语了。对于这个既有英语基础又有英语学习兴趣的孩子来说，她的英语学习变得越来越容易，越容易就越上心，成绩自然也就越来越好。在初一阶段，英语学习对她来说就是小菜一碟，她不仅能够完成好所有的学习任务，而且每次都能取得优异的成绩。不仅如此，她还自学了新概念英语。她坚持背诵，坚持积累，如今初一刚刚过去一半，她的英语水平就已经相当高了。

小红有一个同班同学小刚，在所有学科里，他最不喜欢的科目就是英语。他来自乡镇小学，在他整个小学学习过程中，英语就像是被忽略的学科，他所在的学校也不重视。在三四年级时，还有个别教师进课堂上英语课，不过也都不是专业的教师，每天的英语课就是让孩子们自己玩。到了五六年级，所有的英语课都变成了语文、数学课。整整四年的时间，孩子们都没有认认真真学过英语。农村、乡镇的家长也没有专门让孩子去参加过英语补习班，所以对于进入初一的小刚来说，他的英语学习相当于零基础。进入初中英语课堂，小刚看到像小红这样的同学，对英语学习更是失去了信心。因此，从一进入初中，他就在心里把自己定位为：我的英语不好。当他背诵课文、记忆单词都需要比别人花费更多的时间和精力时，他就在心里默默地想放弃英语的学习。就这样，尽管初一刚刚开始，小刚就已经失去了学习英语的兴趣和动力，久而久之，他和小红的差距也就越来越大了。

小红和小刚的情况，在我们今天的初中英语课堂中屡见不鲜。这种现象给初中英语教学带了许多挑战和问题。针对这种现象，我们分析出了以下三点原因：

（1）不同的小学对于英语学科的重视程度不一。

现今小学升初中考试以及各初中新生入学考试都没有将英语学习成绩作为参考之一，导致很多学校对于英语教学并不重视。由于缺乏考试指挥棒的作用，许多学校和教师对于英语教学都不是很上心，特别是许多乡镇、农村小学更是如此。随着城市化的继续发展，在乡镇、农村小学就读的学生越来越少，因此相应的师资力量越来越弱，专业的小学英语教师非常少，能够顺利从小学三年级开始开设英语课的学校并不多。作为一门外语学科，英语并不像其他学科一样，能够使许多教师胜任教学工作。由于缺少专业教师，即使开设了英语课程，教师也不能把标准的英语语音、语调教给学生。这对许多乡镇、农村学校都是一个挑战。而县城、城市的许多小学把英语看得和语文、数学一样重要，每次期中、期末测试中都有英语检测，有专业的英语教师，有丰富多彩的英语课堂，这样从小学三年级一直到六年级，四年时间里，学生所接触到的英语知识和英语学习就比乡镇、农村学校的孩子多得多。

（2）不同的家庭对于孩子英语学习的要求不一。

首先，家庭经济条件是影响小学生学习英语的因素之一。对于经济条件较宽裕的家庭来说，家长会更加愿意让孩子去参加各种活动来增加孩子学习英语的兴趣，如各种不同形式的英语俱乐部、英语夏令营和冬令营等。而对于经济条件不那么好的家庭来说，家长就无法让孩子参加这些活动了。其次，家长的思想观念和远见也是影响孩子英语学习的又一重要因素。如今，在全球经济一体化的形势下，全球各种形式的合资企业越来越多，英语的使用越来越广泛。对于思想较开放、有远见的父母来说，他们会鼓励、支持孩子尽早地学好英语，以便将来在择业、就业方面有更多的选择。而有一部分家长目光却没有那么长远，看不到英语学习的重要性。

（3）不同的孩子对于学习英语的兴趣不一。

学生如果在十分重视小学英语教学的学校上学，有专业英语教师一点一滴地教授，几年下来，就能够对英语有很好的了解，甚至有许多学生基本都能把初一一年的知识学得差不多了，因为初一的教材作为过渡教材，其学习内容跟小学英语的学习内容相差不大。这让许多学生对于英语学习产生浓厚的兴趣。此外，对于对孩子的英语学习有更高要求的家长，他们会让孩子利用课外时间学英语，这样孩子的英语就会学得更好，进而形成一个良性循环。相反，如果学生小学所在学校不重视英语教学，家长也不重视孩子的英语学习，学生到了初中自然而然就会对英语学习缺乏自信，慢慢就丧失了兴趣，形成一个恶性循环。

以上三点原因导致如今的初中英语课堂充满了挑战与困境，具体表现为以下两个方面：

（1）学生在英语学习上出现了巨大差异。

对于刚刚进入初中的学生来说，他们在学业上出现的最大压力和变化就是英语的学习。英语这门学科自进入初中以来就由小学的"副科"变成了"主科"，无论是从学校课程的安排上，还是从考试的要求上都对英语学习提出了很高的要求。同时，中考作为学生人生中第一次重要的考试，其中英语所占的比例和重要性丝毫不逊于其他任一学科。对于这种变化，学生会有两种不同的适应情况：对于有英语学习基础的学生来说，他们早已经有了四年甚至更久的语言储备，因此他们能够轻松地完成初中英语课堂所有的学习任务，面对初一过渡期的英语教学内容，他们毫无压力，轻轻松松就能够取得优异的成绩，从而享受到英语学习的成就感，越来越喜欢英语这门学科。而对于进入初中之前没有多少英语学习机会，英语基础甚至为零的学生来说，初中的英语学习对他们无疑是一个巨大的挑战。他们需要花费更多的时间和精力去完成教师布置的学习任务。如果他们接受能力强，愿意花时间、花精力去学习，也能够逐渐跟上教师和同学的步伐。但是如果他们没有信心也不愿意努力的话，他们就很容易放弃英语学习。这让我想到了我们老师经常唠叨的一句话：同样在上课，我同样从字母开始教，为什么学生会有这么大的差异？其实这正是我们认为的同样上课、同样教，而对于不同的学生效果是完全不同的。

（2）教师在英语教学上无法因材施教。

我国的初中英语课堂都是大班授课，一个班多的有六七十人，少的也有四五十人。面对这么多的课堂人数，教师的授课是非常有难度的，特别是在语言教学上。真正的语言课堂应该是小班制的教学模式，这样才能够把语言练出来而不是教出来。而我国的教育现实是无法满足这样的小班教学的，所以对于初中英语教师而言，一堂课只能尽量适应中等层次的学生，尽量照顾大部分学生，那么就会有一部分学生无法顾及。这部分学生不仅包括没有英语基础的学习后进生，也包括英语基础非常好的学生。因为对于后进生来说，所有讲授的东西都太难了；而对于优秀生来说，所有讲授的东西他都知道了。其实这样的课堂对于这两类学生来说都是不适合的，不仅会影响他们的英语学习兴趣，也无法引导他们更好地提高英语能力。

现今初中英语教学出现的这些普遍性的问题，让我回想起了我自己学习英语的年代。在那个年代，小学是不学英语的，所以我们大部分同学都是从初中才开始接触和学习英语，这样就不存在学生差异太大的问题。教师都是一步一步从字母开始教，我们也都是一步一步从字母开始学。虽然学生之间难免会有学习能力和学习效果的差异，但是对于一门全新的学科，我们大家都带着浓厚的兴趣认认真真地学起来了。这也给我留下了一个疑问：如果现在小学不开设英语课程，是否对于初中英语教学更有利呢？

浅谈如何提高初中生的英文写作能力

长沙县松雅湖中学　王希平

英文写作旨在训练学生对所学语言知识的实际运用，特别是锻炼学生的语言交际能力和语言知识的活用能力。初中英语教学大纲在写作方面要求学生"能依照学过的题材和所给的范例写简单的书信、便条、通知等"。据此，教师必须在对学生进行听、说、读训练的基础上下一定功夫，进行写作方面的训练，使学生的听、说、读和写的能力达到大纲所要求的水准。

那么，如何帮助初中学生克服困难，有效训练，不断提高他们的英文写作能力呢？这是广大英语教师面临的一个重要课题。笔者根据自身的教学实践以及对学生英文写作能力状况的认真研究和仔细分析，就目前初中生英文写作所面临的问题、训练对策及训练时应遵循的原则，谈谈自己不成熟的见解，以期抛砖引玉，唤起大家对该问题的共同关注和研究。

一、面临的问题

初中学生经过几年的英语学习，掌握了一定量的语言知识。但教师只重视知识点的传授，忽视了对学生语言运用能力的培养。另外，学生不当的学习方法和不良的学习习惯，导致了他们英文写作水平不高、能力低下。其问题主要表现在以下几个方面：

第一，文理不通。所谓"文理不通"，主要是指时态、语态、非谓语动词、词语搭配和主谓一致等方面的错误。例如，学生在做英文写作题时，不认真审题，不根据故事发生的时间来确定使用什么时态，随心所欲地使用那些意思模糊、毫无把握的词语和句型。文理不通还包括学生对先写什么、后写什么没有把握，短文结构松散，层次混乱，其质量和效果可想而知。

第二，使用"汉语式"英语。由于受汉语习惯和思维方式的影响，不少学生在写作时，常写出一些汉语式的句子。例如，他们将"我这次英语考试成绩不够好。"译成"My this English exam is not enough good."将"明天将有一场足球赛。"译成"Tomorrow will have a football match."如此难以摆脱汉语思维方式、死抠原材料的逐字照译，必然会造成句不成文、病句连篇。

第三，对材料理解不透，主次不分，本末倒置。不少学生不细心审题，不认真分析所给材料的重点和主体，丢三落四，要点不全，疏忽重点情节的表述，将细枝末节大肆渲染，甚至画蛇添足、无中生有。例如，有一道英文写作题要求根据图示写一篇60～80个单词的短文。观察、分析图画，其内容有下列几点：

图中一只乌鸦嘴里衔着一块肉，准备美餐一顿；狡猾的狐狸花言巧语、巧施诡计，试图得到乌鸦嘴里的肉；狐狸捡起从乌鸦嘴里掉下的肉，逃之夭夭。

仔细审题，不难看出狐狸花言巧语试图得到乌鸦嘴里的肉所表达的内容是短文要描写的中心和主体。可是不少学生则对乌鸦叼着肉和狐狸捡起掉下的肉后逃之夭夭的相关情节煞费苦心地着意描述，而对主要情节却轻描淡写、一带而过，致使该寓言故事重点不突出，情节欠生动，本应有的精彩情节荡然无存。

第四，文体格式不当。在做英文写作题时，不少学生不能按照要求，以合适的身份、口气，依据一定的格式，从适当的角度进行写作。例如，英文书信、日记、通知、便条等都有一定的格式，若不注意文体格式，内容再好也难以受到好评。

第五，不注意英文书写。在做英文写作题时，学生往往把注意力集中在表达上，常常忽视书写质量，如出现断句、不注意大小写、书写潦草以及常用单词的拼写错误等。尽管整篇短文在文理方面无多大失误，可书写上的欠认真和不规范在一定程度上也会影响短文的整体质量，从而导致得分不高。

二、训练对策

针对学生在英文写作方面存在的上述问题，笔者认为应从以下几个方面进行训练：

第一，重视基础知识的传授，全面打好语言基础。首先，教师要求学生掌握一定量的词汇，精通大纲中要求掌握的词法、句法知识；其次，鼓励学生阅读难度不大的书信、日记及其他故事短文，尽可能熟读或背诵课本上有代表性的优秀篇目，掌握部分文体的格式；最后，适当地向学生传授英语国家的文化背景知识，让学生知道该写什么、能写什么。

第二，从词与词组入手，训练学生的组句能力。词是句子的最小单位，不同词性的词组合构成句子。教师要遵循先易后难的原则，以简单句子的构成作为对学生进行组句能力训练的起点。

教师在教学生组句时要口、笔并用，边说边写，将日常生活中经常出现的句子作为训练学生组句的最初材料，让学生易于接受，并在轻松愉快的氛围下学会组句。例如，以study为核心组句，构成"句链"：

I study hard.

My brother studies hard.

We both study hard.

We will study harder.

对于这种"句链"，学生既易接受，也感到学起来有趣，容易记忆与掌握。

第三，重视口头表达，为英文写作打好基础。教师在课堂上可以通过值日生报告、根据课文内容提问题、故事梗概介绍、根据图画说句子等丰富多彩的口头训练形式，培养学生的口头表达能力。这样，学生在回答问题时，既听懂了教师的问题，又训练了口语，同时加深了对课文的理解，这有利于培养学生的英语思维和口头表达能力，为英文写作打下坚实的基础。

第四，围绕某一语境组句，扩句成段。语境指话题的对象、话题的主体及话题的素材。进行写作训练时，围绕同一语境展开，学生会觉得有话可说、有话可写。针对某一语境写出的几个句子，最后会变成一个"语境段"。

例如，以"My family"为语境组句，教师要求学生所写的内容是家庭成员组成、父母的职业和爱好以及兄弟姐妹的一些情况等。学生围绕这个语境，运用所学的语言知识，组句成段。教师可不断变换语境，让学生用最熟悉的语境素材，由近及远、由浅入深地进行"语境—组句—扩句成段"训练。

第五，紧扣课文体裁，培养学生的写作能力。在对话和课文教学过程中，教师要有意识地介绍各种文体的书写格式及行文思路，依照所学课文中出现的交际对话、明信片、书信、电话留言、日记以及人物故事等，及时布置难度适中的训练作业，让学生边学边练，活学活用。

第六，强化训练，培养学生良好的书写习惯。一些不良的书写习惯严重影响了学生英文写作的质量和考试得分。要想让学生做到卷面整洁、字迹工整，教师可以通过让学生写日记、改写或缩写课文等形式培养学生组织语言、创造语句的能力。毕业班的学生可经常做些限时英文写作题，进行强化训练，力争在短时间内摆脱不良的书写习惯。

第七，注重检查环节，尽量减少错误。在平时的训练过程中，教师要特别注重检查环节的训练。学生在书写过程中或多或少地会出现漏词、错词、用词欠妥、少量的句法错误以及标点符号的遗漏或错用等情况。检查环节就是要针对这些情况，采取一系列修正补救措施，尽可能减少英文写作过程中的失误。

三、训练英文写作应遵循的原则

第一，循序渐进原则。训练初中生的英文写作能力不能急于求成，写作教学不可能一蹴而就。因此，教师在训练过程中，要根据学生所处年级，精心制订训练计划，巧妙安排训练内容，先训练简单的组词成句，后训练有一定难度的短文书写，由易到难，由浅入深，循序渐进。如果一开始训练难度很大，学生就可能因此而失去信心，导致下一步的写作训练无法进行。

第二，因材施教原则。由于同一班级的学生英语水平不尽相同，不同班级、不同年级学生的英语水平更存在着差异。这就要求教师在制订训练计划、设置训练形式等方面充分考虑不同层次学生的差异，在训练中因材施教。如果不考虑学生的水平差异，盲目地布置难度一样的训练作业，成绩偏差的学生就很可能会放弃训练或抄袭别人的作业，致使差的更差，造成严重的两极分化，后果可想而知。

第三，听、说、读、写兼顾的原则。在训练写作的过程中，教师还要兼顾听、说、读的训练。听、说、读能力的提高，对英文写作能力的提高有一定的促进作用。事实上，学生所写的内容均是他们耳朵听到的、嘴里说出的以及平时阅读的。因此，教师在重视写作训练的同时，切不可忽视听、说、读能力的训练与培养。

培养、提高初中生英文写作能力，光靠短时期的突击训练是远远不够的，它应贯穿英语教学的始终。语言知识的教学过程，便是提高学生英文写作能力的过程。英语课堂教学既要传授语言知识，又要培养学生的语言运用能力，让学生边学边练、边读边写，这样初中三年下来，大部分学生就能运用所学的英语语言知识，写出具有一定水准、文体多样的英语文章。

参考文献

［1］李宝荣.新课程标准理念下中学英语教学目标的确定［J］.中小学外语教学（中学），2007（3）：7-10.

［2］应文琴.高中英语分层教学的尝试［J］.中小学外语教学中学（中学），2006，29（9）：27-29.

［3］岳蔚.新课程小学英语评课的理论与实践［M］.宁波：宁波出版社，2005.

［4］中华人民共和国教育部.普通高中英语课程标准（实验）［M］.北京：人民教育出版社，2003.

"双减"背景下初中英语任务型教学实践

北京师范大学长沙附属学校　肖 铮

一、引言

"双减"政策的实施无论对教师、学校，还是对家长、社会，都产生了深远的影响。"双减"政策减去了课后培训机构、减少了课后作业，这需要学校、教师和家长对教育、教学和教养的行为重新做出考量。

二、"双减"背景

（一）"双减"的定义和意义

1. "双减"的定义

"双减"：一是减少校内作业，二是减少校外补课。2021年7月，中共中央办公厅、国务院办公厅印发《关于进一步减轻义务教育阶段学生作业负担和校外培训负担的意见》（以下简称《意见》），要求减轻学生过重的作业负担，提升学校课后服务水平，全面规范校外培训行为，提升校内教育教学质量。

2. "双减"的意义

（1）守好了教育的公益性原则。

（2）有益于课堂提效，提高课堂教学质量。

（3）将学生的知识学习与人格发展相结合。

"双减"的意义深远，减负是减少课后作业的量，而不是降低教育教学的质量。如何在有限的教学阵地把好教学的关，守好教学的岗，对于初中阶段的教师是一项巨大的挑战。

（二）"双减"对初中英语教学的挑战

1. 教师对学情认知的理解不到位

在"双减"背景下，教师对学情的分析要更加精准到位，不仅要精准到人，还要对知识、能力和思维等精准到点。

2. 教师对信息技术的掌握有所欠缺

依靠原来纸笔的登记和统筹，已不能满足教学效率提高的需要。因此，教育教学的过程需要依托信息技术与英语学科教学的深度融合，即时获取学生伴随性数据，进行多层次评价，为提高教学效率助力。

3. 初中英语教学模式化

传统英语教学是模式化的。怎么用更合理？教师们并没有对教学素材进行深度解读和思考，没有注重引导学生形成自己的理解，搭"手脚架"去帮助他们提高思维及思辨能力。

以上与其说是现阶段初中英语教育教学面临的挑战，不如说是机会。"双减"政策出台不久，便有专家解读："双减"首先是把作业量减下来。在课堂上达到教学目标是教师的基本职责。如果课堂低效，作业就是学业负担；如果课堂高效，作业就是锦上添花。作业减负，关键在于课堂提效。在课堂如何提效这个问题上，任务型教学模式的应用将在"双减"背景下绽放光彩。

三、任务型教学

（一）任务型教学的定义和要素

语言学家David Nunan把任务型教学中"任务"的定义概括为指导学生在学习目的语的过程中领悟、使用、输出语言和互动的课堂交际活动。它重点关注的是意义，而非语言形式。也就是说，在学习的过程中，学生所需要的并不是简单的语言形式，而是可理解的输入和合适的输出机会。

David Nunan认为，任务型教学包含六个要素，即任务目标（goals）、输入材料（input data）、活动（activities）、教师角色（teacher role）、学生角色（learner role）和任务环境（setting）。

教师在课堂上进行语言教学时，其任务并非是让学生记忆孤立的单词、脱离语境的句子、枯燥乏味的语法规则，而是根据具体的目标设计出各项能将词汇、语法和功能有机结合起来的交际活动，并通过这些活动完成教学任务，实现教学目标。

（二）任务的组成

任务由以下三部分组成。

1. 任务目标

任务目标（goals），指通过让学生完成某一项任务而希望达到的目的。任务目标可以是培养学生说英语的自信心、解决某项交际问题，也可以是训练某一项基本技能等。

2. 构成任务内容的输入材料

输入材料（input data）必须具有知识性，应以现实生活中的交际为目的，使学生在一种自然、真实或模拟真实的情境中体会语言，从而学习语言，而不是局限于教材。

3. 基于输入材料而设计的各项活动

活动（activities）的设计由简到繁，由易到难，前后相连，层层深入，并由数个微任务（mini-task）构成一串"任务链"。在语言技能方面，教师要遵循先输入后输出的原则，使教学阶梯式层层推进。

（三）任务型教学实践

"任务型"教学的目的之一就是使学生学会欣赏与所学语言相当但词汇有所拓展的文学作品。同时，其教学特点是鼓励学生合作、集思广益、共同完成任务。因此，本次教学实践的教学材料选择了接近学生水平、词汇略有拓展的阳光英语分级阅读作品《仙女也烦恼》。

1. 教学材料文本解读

【what】《仙女也烦恼》的作者是Margaret Mahy，全文893字，话题为人际交往。故事梗概：由于Barbara放学后需要被人照看，Mrs. Caliban和她以此开始了两人的故事。

【why】

（1）作者在故事中塑造了立体生动的魔法仙女的形象，通过Mrs. Caliban与Barbara、pelican、spider、elephant、lizard、owl和monkey的互动，呈现出友爱、互助、和谐的画面，也反映了作者所倡导的友善、互助的友谊观。

（2）故事主人公Barbara和Mrs. Caliban都有自己的问题需要解决。两人经过思考和讨论，最后创造性地想出了一个方法。

（3）在故事的开始和结束，在Barbara与妈妈的交谈中，我们可以看到Barbara对Mrs. Caliban的改观。作者希望读者感受到：人通过与他人真诚的交往和相处，对人或事物是可以改观的。

【how】本书属于故事类，结构为：Beginning–Developing–Climax–Ending.

（1）在故事开始时，作者细致地描写了Mrs. Caliban，如black boots，pink fairy dress，a battered old wand tucked under her arm，立体地展现出一位不拘小节、形象如常人的仙女，为故事后面说明Mrs. Caliban是一个亲切友善的大朋友做铺垫。

（2）在故事发展阶段，我们从Mrs. Caliban与Barbara的对话中可以得知Mrs. Caliban对动物的爱心和友善。

（3）在故事结束时，Barbara由开始认为Mrs. Caliban是一位wicked fairy，不愿意她来照顾自己；到最后兴奋地和妈妈分享她的故事，并且说：I will enjoy visiting Mrs. Caliban after school every day! Barbara的改观是通过她和Mrs. Caliban的交流和相处得来的。

2. 学生学习情况

（1）基本情况：参与课堂的学生来自七八年级的各个班级，约80人，分为四个班级、两个级别。本堂课的学生以七年级学生为主。

（2）可能存在的问题：上课的学生英语听、说、读、写能力较好，阅读兴趣浓厚。学生在用英语较为准确地表达自己的观点方面略有困难。

（3）解决策略：一方面，教师鼓励学生大胆表达自己的观点。在字典的帮助下，学生尽可能地使用英语表达；若个人在小组沟通交流、协助后仍无法找到能够准确进行表达的词汇和句型，用中文发表观点也可以。另一方面，在活动设计上，教师给学生搭建语言应用的支架，如词汇选择框；摘选需要欣赏的片段，让学生先阅读后讨论、赏析等。

3. 任务设计示例

为了分析Barbara和Mrs. Caliban的人物性格并画出思维导图，教师让学生复述故事。整堂课的任务编排由易到难，形成一个连贯的任务链，并做了以下设计。

任务	学生活动	教师角色	设计意图	效果评价
Pre-task	Students read the pictures of the story by themselves and show their ideas about the pictures.	组织者	在阅读文字前，学生先看配图，通过看图，学生对主要人物和情节进行大胆预测，并产生阅读兴趣	由一名学生带领大家进行图片环游，大家都听得非常仔细。学生与学生一起观看图片更能引起共鸣
During task	a. Read the story by yourselves and finish the self-guide paper. b. Show your paper and share your opinions. 【学习理解：获取与梳理】 c. Let's know more about the writer.	资料提供者	学生通过阅读了解故事梗概并在小组内分享个人观点，说出摘选词汇和句子/片段的原因，获取和梳理故事梗概；通过对作者其他作品的了解，理解作者的写作风格	通过学生的表情和阅读记录，教师可以看出大部分学生能够读懂故事情节，能够找出自己喜欢的配图和片段，基本能说出喜欢的原因。当学生看见作者其他类似魔法故事的作品时，产生了极大的学习兴趣
Mini-task1	Activity 1: 【学习理解：概括与整合】 Read the beginning and the ending of the story, then answer the questions.	调控者	1.通过两个看似相似的问题，引出Barbara前后观点的变化	以提问题的方式进行师生共读。对于教师挑出的片段，学生经过思考和讨论后，基本能达成一致观点，甚至有茅塞顿开的感觉
Mini-task1	Q1：Did Barbara want Mrs. Caliban to look after her? What did she say to her mom at the beginning? Q2：Did Barbara want Mrs. Caliban to look after her again? What did she say to her mom in the end?	调控者	2.激发学生的好奇，引导学生思考在Barbara身上发生了什么事情，从而使她有了这些变化	

续　表

任务	学生活动	教师角色	设计意图	效果评价
Mini-task2	Activity 2：【应用实践：描述与阐释】Read P6～P23 and answer the questions. Q1：What was the star map? Q2：What was the gold star map?	参与者、调控者	教师引导学生通过几个关键词描述故事情节，为复述故事做准备	学生在小组讨论后，从几个词引出整个故事的梗概并进行复述。教师可以帮助学生梳理故事情节发展
Mini-task3	Activity 3：【应用实践：内化与应用】 a. Please find out the description of Barbara and Mrs. Caliban and write them down. b. Read the sentences you write and answer the questions. Q1：What are their personalities? Q2：What did you learn? Q3：Do you want to read more? Why?	评估者	1.教师通过对故事主角Barbara和Mrs. Caliban的性格进行深度解读，可以使学生对人物的所做所想有进一步的理解 2.文本的故事虽然结束了，但是Barbara和Mrs. Caliban两人的party还没有开始，学生借此为小组故事续写做准备	学生从文章明暗描写中再次理解了主要人物的性格，而且大部分学生可以发现人物所做所想的合理性。同时，教师引导学生大胆猜测故事结局，也极大地调动了学生阅读的积极性

4. 学生评价和学习效果

（1）对小组合作小册子的制作和展示过程进行评价：学生对自己在小组合作中的表现进行评价，可以让学生对核心素养发展过程中的进步情况、努力程度和反思能力做出反馈，为下一次小组合作积累经验。

（2）课堂任务完成情况的自我评价：学生认识自己在本节课的学习收获，为接下来的学习做调整和准备。

评价表如图1所示。

a. Show group's booklet.

Criteria（评价标准）			
1.How was my sharing?		2.How is our booklet?	
Aloud	Yes / No	Complete	Yes / No
Influent	Yes / No	Spelling mistakes	Yes / No
Confident	Yes / No	Grammar mistakes	Yes / No
Positive	Yes / No	Designable	Yes / No
Logical	Yes / No		

b. Self-assessment

	Criteria（评价标准）	
1	Could I understand others well?	Yes / No
2	Did I understand my task well?	Yes / No
3	Was I active?	Yes / No
4	How was my task?	Good / No bad / Not OK
5	What did I learn from others? _____	

图1

四、实践探索体会

　　任务型教学的重点在于各个活动环节的教学设计是一个不可分割的整体，以及符合新课程标准去碎片化教学的倡导。设计学生活动时，教师要注意它们之间的相互关联性和递进性，以Mini-tasks为点，以话题、情境和学情为线，串起学生的语言能力、文化意识、思维品质和学习能力，促进学生学科核心素养的协调发展，以完成立德树人的根本任务。由此可见，任务设计在任务型教学中是关键的步骤。在"双减"的背景下，任务型教学才最能体现教师的教学水平，是提高课堂效率的方式之一。

参考文献

［1］陈玉霞.任务型教学法在八年级英语阅读教学中的应用［J］.校园英语，2021（5）：125.

［2］宋晓峰.任务型教学在初中英语词汇教学中的应用研究［D］.济南：山东师范大学，2012.

［3］方煜芬.任务型教学在初中英语教学中的应用［J］.山东师范大学外国语学院学报（基础英语教育），2012，14（5）：31-35.

［4］薛娴.初中英语任务型教学中的"有效阅读"——培养学生英语阅读的技能与策略［J］.英语广场（下旬刊），2012（9）：131-132.

［5］林贞.从S.S.案例解析David Nunan的任务型教学理论［J］.考试周刊，2011（14）：107-109.

第 五 章

润物无声育人德

特别的 "爱" 给特别的 "你"

长沙县梅花中学　李　焕

　　教育家苏霍姆林斯基说："教育是人和人心灵上的最微妙的相互接触。"陶行知先生亦曾经说过："真教育是心心相印的活动。唯独从心里发出来的，才能打到心的深处。"夏丏尊先生译作的《爱的教育》一书中说："教育如果没有爱，就等于无水之地，爱是教育的基础，没有爱就没有教育，为师爱生是天职。"看似烦琐的班主任工作，其实就是和学生一次次心灵上的触碰。作为一个班主任，我始终牢记着我们的教育不仅是文化知识的教育，更是人格的教育、情感的教育。只有拥有心灵对心灵的尊重，用爱和智慧托起教育的情感，才能对学生产生巨大的感染力和教育作用。

一、多一点关爱，激发上进心

　　爱优等生，每一个教师都能做到，但是爱每一个学困生却不是所有的教师都能做到的。对于学困生，教师要多给他们一点关爱，激发其上进心。消除学生戒备心理的唯一途径，是教师对其要爱得真、爱得深，将严格要求渗透在爱之中。教育是什么？就是爱。苏霍姆林斯基曾说："一个好教师意味着什么？首先意味着他热爱孩子，感到跟孩子交往是一种乐趣，相信每个孩子都能成为一个好人，善于跟他们交朋友，关心孩子的快乐和悲伤，了解孩子的心灵，时刻不忘自己也曾是个孩子。"班主任实施和谐教育就要用爱心育人。一个爱的微笑，一句爱的话语，都可能激发学生潜在的能量，都可能改变学生的一生。

　　例如，我班的李同学，其父母由于工作忙常常早出晚归，他从小跟爷爷奶奶长大，虽然已经是初一年级的学生了，但却是全班有名的捣蛋王，还经常打人、乱跑动。经常有教师、家长向我投诉李同学上课不认真，不做作业，把痰吐在其他小朋友身上，等等，班级里的同学都不喜欢他。我决定用"爱"感化他。那天，我看到他睡在办公室外的花坛边上，嘴巴里还衔着一颗糖。于是，我把他叫进了办公室，他低着头，一副准备接受批评的样子。我拿出自己的毛巾，用温水给他擦了擦脸，并帮他把鞋穿上，李同学顿时感到不自然，有点惊讶地看着我。我拿出镜子让他自己照照，并告诉他老师喜欢镜子里的小朋友，如果明天这个小朋友能把作业带来，那他就更讨人喜欢了。到了第二天，李同学破天荒地准时交了作业，虽然作业质量不太高，但我却感到非常高兴，立刻在班上表扬了他的进步。然后我发现他好像换了一个人似的，坐得端端正正。我还特意让全班同学为他鼓掌。从此以后，我不断地找李同学谈心，不断地鼓励他。渐渐地，我发现他开始为班级干这干那……

二、多一点赏识，培养责任心

"尺有所短，寸有所长。"教师要善于发现每一名学生的闪光点，及时予以鼓励，并利用各种机会，让学生各显其才、各尽其能，使学生的个性得到充分张扬，以此调动学生的积极性，挖掘学生的潜能。平时我们常常用甲学生之长去比乙学生之短，即所谓横向比较。但是对于后进生，我们则宜采用纵向比较，用他的今天同他的昨天比。学生一旦有进步，教师就应抓住机会，及时表扬其"进步点"。教师在把爱的雨露洒向后进生心灵的同时，要使他们认识到，对他们逐步提出要求，正是对他们的信任，是一种深厚的爱、真正的爱。教师要培养学生做社会主义"四有新人"的责任心，激发他们渴望进步的内驱力。只有在培养了学生的责任心以后，后进生的转化才有实现的可能。

例如，我班的彭同学，由于受家庭环境的影响，平时学习缺乏自觉性，养成了不好的学习习惯，学习成绩一直较差，真是令教师伤透了脑筋。但我观察到他也会因为别人先完成作业，自己做不出作业而焦急烦恼，常常为此感到自卑，这证明他内心还是想好好学习的。于是，我在课堂教学时特别地尊重、关注和宽容他，常常用鼓励的语言评价他的发言，哪怕是一次失败的发言，我也会让他体会到参与学习、获得成功的快乐，从而增强他主动学习的积极性。心理学家认为：人的行为都是强化的结果。成功的奖赏会使学困生产生喜悦的情绪，这种成功的喜悦又会转化为进一步学习的强大动力，激发他们强烈的求知欲望。课后单独辅导彭同学时，我常用他点滴的进步激励他学习，使他不再讨厌学习，让他也能像其他学生一样体验成功的喜悦。通过教师、同学的帮助，加上他自己的不懈努力，他的学习成绩有了可喜的进步！

三、多一点帮助，树立自信心

在自主学习活动中，我们要把学困生安排到各个学习小组中，以使他们在学习上得到帮助。此外，我们还要注重创设轻松愉快的学习氛围，促进学生之间的合作，增强他们学习的责任意识和主人翁意识，努力使全体学生都主动参与到教学活动中来，全面提高学习质量。新的课程标准指出：小组合作学习是学生主动参与学习的重要方式之一。小组合作学习有利于培养学生的协作精神、团结精神以及交往能力，有利于学生创新意识的培养。

在小组合作学习中，优等生可以得到发展，中等生可以得到锻炼，学困生可以得到帮助和提高。通过优等生的学习态度、情感和行为的引领，学困生学会了交流，增强了合作意识，能主动地看到自己的问题所在，及时改正缺点并赶上优等生。这样，学困生在小组合作学习的活动中既能感受到同学的帮助、享受到集体的温暖，又能在学习方面得到进步和提高，从而进一步树立自主学习的信心。

例如，我班的申同学，人高马大，思想单纯，学习较差，每门功课的成绩都是"不及格"。起初，班里的同学都讨厌他、嫌弃他，这让他很伤心。我了解了情况后，引导同学们想：如果你是他，你会有什么样的心情？我们应该怎样来帮助他？经过讨论，大家都明白了申同学的苦恼，还有很多同学想出了帮助他的办法。有的说下课后帮助他、指导他，有的说愿意做他的"小老师"，还有一名同学说要帮他树立起信心。申同学在同学们的帮助下，脸上洋溢着幸福的笑容。现在他的性格开朗了许多，乐于与同学和教师交谈了，考试成绩也上升到了"及格"。这些进步令他信心倍增，连他的父母都惊讶于他现在的表现。

四、多一点宽容，保护自尊心

教师对学困生的宽容是指教师能客观地认识与处理学生存在的问题。宽容不是迁就，教师对学困生的宽容态度是使教师赢得学生尊敬的重要感情基础。学困生是发展的，并在发展中成长，他们不可能没有缺点，不可能没有过失。有的教师，特别是年轻教师，一旦发现学生犯了错误，就横眉怒目、厉声训斥，或反唇相讥、挖苦嘲弄，简而言之，就是难以宽容学生的过失。有的学困生尽管在教师的批评下，口头承认了自己的错误，但从根本上并没有得到教育，反而对教师或敬而远之，或退避三舍，有时甚至记恨教师。因此，对学生缺乏宽容忍让的教师是不可能与学生建立起真正的情感关系的。教师应该认识到一定的宽容忍让比直接训斥更能感化学生，使学生受到教育，即便学生当面顶撞或行为有些过激，也应不失长者风度，仍要心平气和地对其进行说服教育，这样才可能使他们形成一种内疚感和自责感，从而主动认识自己的错误，接受教师的批评与教育。

我班有几个口齿不清、普通话很差的学生，每当他们在课堂内欲言又止、一时语塞时，我总告诫其他学生不要嘲笑他们，我也以身作则，或含笑示意，或顺着他们的意思帮助他们说出来，使他们有勇气站起来发言，有信心把话说清楚、说连贯，及时纠正他们的发音。通过动之以情，晓之以理，因势利导，他们感受到了教师的关心、爱护和帮助，从而恢复了自信心。现在他们的普通话水平和口头表达能力都有了很大的提高。

"为了每一个学生的发展"是新课程标准的核心理念。为人师者，应关注每一个学生的发展，对学困生尤其如此。为了让今日的"学困生"不再成为明日的"学困生"，我们有责任，也有义务尽我们的一切努力让每一个"学困生"都真正认识到自己也可以变成"白天鹅"，也可以像丑小鸭一样实现心中的梦想。

浅谈家庭美德与孩子幸福成长

湖南省长沙县泉塘中学　唐羽弘

　　教育心理学研究表明，每个孩子都有独特的天性。独特的天性可以发展为优点，也可以发展为缺点，这取决于我们在早期对他们进行了什么样的教育。家庭是孩子的第一教育空间，孩子的生活习惯、语言行为等首先是从家庭中习得的，一切美好的品德也是从这里萌芽和滋长的。培养孩子的美德，挖掘和开发出这些内在的"宝石"，让孩子健康成长，是家庭教育研究工作者的使命。

　　然而，随着当前改革开放的不断深入，我国经济飞速发展，家庭结构、家庭子女教育功能都发生了深刻变化，致使家庭美德教育成了美德教育系统工程中的薄弱环节，阻碍了孩子的发展。因此，探索解决家庭美德教育中出现的棘手问题，重塑家庭美德教育的魅力，让孩子幸福成长，成为教育工作者亟须思考的问题。下面，我将从家庭美德教育的意义、家庭美德教育的现状以及和谐家庭美德教育的构建三个方面提出几点认识和思考。

一、家庭美德教育的意义

（一）家庭美德是维系家庭和谐的重要精神支柱

　　维系家庭和谐的重要的一点在于用什么价值观念来指导和调整家庭生活中的各种关系。由于家庭成员的年龄、辈分、性格、理想、兴趣等的不同，家庭中的矛盾也不可避免，因此，更有必要用家庭美德来规范、调节、约束家庭成员的行为，维系家庭的和谐。此外，如果家庭关系复杂、家庭成员受教育程度普遍不高，那么其家庭美德教育会显得更为重要。

（二）让家庭美德教育成为一面明镜

随着精神文明和物质文明的快速发展，家庭美德教育的发展成为体现社会和谐发展的重要方面。家庭作为人类的初级社会群体，是引导个体走向社会的桥梁。孩子从小生活在家庭中，心理上对父母有着强烈的依赖感和信任感，易于接受父母的家庭美德教育；家庭成员在长期共同生活中亲密接触，父母的美德教育对孩子有着潜移默化的影响；孩子是父母生命的延续，父母在对子女进行美德教育的过程中更能传递深厚的情感。总之，家庭美德教育的过程，能让父母在帮助孩子变得优秀的同时，自身也变得优秀。

二、家庭美德教育的现状

（一）家庭美德教育观念存在偏差

教育好孩子，就是要开发他们内在的最佳潜质，但很多人对于"为孩子好"的概念是模糊不清的。多数家庭认为孩子的成长就是身体的成长发育和学习成绩的提高。一些家长缺乏家庭美德教育意识，我行我素，不考虑自身品行对孩子的影响，只知道满足孩子的物质需要，忽视甚至无视对孩子的家庭美德教育。此外，部分家长的家庭美德教育责任意识不强，过分依赖学校。许多家长认为自己只要让孩子衣食不缺就可以了，而美德教育的责任在教师和学校。

（二）家庭美德教育方式畸形

很大一部分家庭采用物质刺激和打骂的方式教育孩子，家长"棍棒底下出孝子"等思想根深蒂固，很少顾及孩子的自尊，往往忽略从品德上教育孩子。在与学生谈心交流时，当他们说出他们以前的绰号，或者父母给他们贴的标签时，总伴随着伤感的故事。诸如愚蠢、懒惰、害羞、坏男孩、胖子、猪头、拖拉鬼等许多标签，虽然没有多少实际意义，但却足以让孩子感到自己没有价值、不够完美。这些家庭美德教育方式的畸形，往往容易在孩子内心留下阴影，变为他们成长道路上的绊脚石。

三、和谐家庭美德教育的构建

苏联著名教育家马卡连柯在《父母必读》中表述道："父母对子女的家庭教育放任自流，是一件'悲哀的事情'。"家庭是人才的诞生地，是培养人才的摇篮，也是孩子的第一所学校，家庭美德教育的成败直接影响孩子的健康成长和未来发展。因此，对于如何改善当下家庭美德教育"不和谐"的现状，我在此提出以下几点思考和建议。

（一）认知美德教育时机

忽视美德教育时机，是家庭美德教育中普遍存在的现象。一位长者曾经说过："生活的目的就是从教训中学习。"认知教育时机，即意味着把握那些需要用到美德的时刻来发掘孩子的最佳潜能，或肯定、加强孩子已经在培养的某种美德。这样，父母就触及了孩子内在的品质，而不仅仅是管理他们的行为。家长将孩子引向美德，在特定情形下向他们指出需要学习哪种美德，孩子就会了解他们是有能力学会这种美德的。以强烈的、命令性的语气表明孩子当时缺少了什么美德，会让孩子记忆深刻，除非孩子对这种强烈的语气已经听得太多而麻木了。更有效的做法是，在发现孩子的某个行为实践了美德，如自律、温柔、关心时，家长要对该行为给予肯定，如"我看见你对姐姐很温和"。

（二）使用美德教育语言

语言有很强的影响力。当家长学会肯定孩子身上展现的美德，或互相提醒各自需要什么美德，而不再使用羞辱、责备的语言时，孩子的自尊就建立起来了。

美德教育语言有助于改变家庭文化，强化美德的价值观。美德本身就提供了关于心灵、征服和意义的朴素语言，父母可以用它来肯定孩子的努力和成长。当孩子以低俗的动机行事时，父母也可以使用美德的语言启发他们，让他们知道在那个时刻怎样可以做得更好。如果胆小的人显示出勇气，或者常以自我为中心的人表现出体贴，那么他们是最需要有人将刚刚出现的一点希望之光反射给他们的。美德教育语言就是以这种方式来帮助我们牢记自己的本质的。

（三）尊重彼此心灵

在家庭教育中，父母与子女的内心交流往往被忽略。而美德为我们提供了一个平台，并为我们创造有意义、有尊严的生活提供了基础。近年兴起的"美德工程"，通过触动和唤醒孩子和成人的神圣感，帮助他们找到幸福的意义。比如，父母可以根据自己的需要，确定反省的时间，起到示范作用，同时让孩子知道他们有权利这么做。在交流分享的过程中，其他成员必须安静地倾听，等发言者说完后，再用美德教育语言对其表示肯定。这样不但能加强父母与孩子之间的心灵沟通，更有利于家庭美德教育的启发。

四、总结

　　家庭美德教育，能引发孩子与父母内在最好的一面，激发孩子的内在优秀品质，培养孩子健康的性格，帮助他们在学习和生活的道路上幸福成长。因此，家庭美德教育应当引起家长、学校以及社会的共同关注，需要三者共同努力营造和谐的家庭美德教育氛围，促进孩子健康快乐成长，点亮孩子的希望之灯。

参考文献

［1］王清，李年顺.论陶行知的和谐家庭教育观及其现实意义［J］.扬州职业大学学报，2010（1）：56-59.

［2］沈心祖.必须关注农村家庭教育问题［J］.上海教育科研，1989（1）：64.

［3］Popov L K，Popov D，Kavelin J. The Family Virtues Guide：Simple Ways to Bring Out the Bost in Our Children and Ourselves［M］. New York：Plume Books，1997.

我的"舆论危机"化解故事

长沙县泉塘中学　唐羽弘

　　一个"80后"教师和一群"00后"学生相遇，会擦出什么样的火花？在接手班主任之前我未曾认真地想过这个问题，可能是因为之前的教学经历让我太自信，也可能是因为我潜意识里认为刚小学毕业才上初一的孩子应该很"乖"。可直到我遇到她，一个出生在长沙县黄兴镇蓝田新村的小女孩，我才开始认真思考。她就是我要讲的这个故事的主人公——小兰。

　　小兰的皮肤黑黑的，个子高高的，脸上架着一副跟实际年龄有点不相称的大眼镜。在第一次报到见面时，她的父母比较热情，但小兰一个人站在母亲身后，只是低头说了一声"老师好"。小兰在小学多次被评为三好学生、优秀班干部，在班上一直担任班长职务，学习成绩也名列前茅。这样的小兰应该是教师、家长和同学眼中标准的好学生、好孩子。可两个星期过去后，我发现小兰并不是标准的"好学生"。多位任课教师反映小兰上课不认真听讲，总是一副"不屑"的表情挂在脸上，然后按照自己的思路学习；上体育课时，由于不认同教师的管教方式，直言不讳地与教师争辩，而且煽动其他同学与教师对立；甚至在"每日回眸"上直白地写出对教师管教、班级管理的不满；对教师布置的学习任务虽然认真完成了，考试成绩也算优秀，但是抱怨连天，说学习压力大，使学生难以负荷、身心受到极大伤害；在学生QQ群中经常发表影响班级学习风气的言论，甚至带动不少学生跟帖回应，在QQ群里制造"舆论危机"，直接跟教师们唱起了"对台戏"……

　　班级一旦出现"舆论危机"，后果不堪设想，必须马上制止不良风气，化解这场"舆论危机"。于是，我试着深入了解小兰，以帮助、引导她走上正确的学习之路。第一次与她的谈话，我选择了在午后的操场进行。宽敞的环境更有利于我们彼此放松心情，引导她说出自己真实的想法。在长达两个多小时的聊天中，我首先充分肯定了她在小学时的优秀表现，说她是老师的得力小帮手，肯定了她的学习能力和学习态度。同时，就初中阶段需要养成的正确人生观、价值观，学会如何与老师、同学更顺利地交流，建立良好的人际关系等，我表达了自己的看法。在整个谈话过程中，她表现得思维敏捷，对于我的观点也大方地谈了自己的看法。当然，她的看法显得偏颇，不够成熟，但我在肯定她的独立思维的同时，更注重教育她如何接受别人的观点，如何更客观地看待问题。其间，我们还聊到了她的家庭。当谈到她的父母时，小兰之前伶俐的口齿突然不灵了，支支吾吾了几句。我察觉到家庭环境可能对她的行为有直接影响，于是留了QQ号给她，表示如果她方便，我改天去她家里坐坐。

那天晚上，我辗转反侧，时不时地看看手机，希望收到小兰的信息，就这样不知不觉地过了一夜。第二天早上起来我发现手机上留有一条信息："唐老师，您能告诉我怎么和父母交流吗？他们都不相信我说的话。"看到小兰的信息，我心里十分高兴，操场上的聊天看来还是打开了小兰的心扉，她愿意把自己的难题与我分享了。于是，周末我如约到了小兰家里。小兰父母一见老师来了，以为小兰在学校犯了错，开口就跟我道歉，并指责小兰。小兰红了眼睛，转身跑进了房间。在与小兰父母谈话的过程中，我了解到，小兰在小学六年级时很喜欢与父母分享学校的一些她不太认同的事情，可是父母总是带着指责的态度，不听她把话说完就直接打断，告诉她听老师和家长的话就行。久而久之，小兰在家就不愿意与父母交流自己的看法了，甚至认为老师、父母都是在控制和压抑自己。这才有了小兰在学校课堂上的"不屑"、在QQ群里为自己的"证言"而发表的偏激言论。于是，我把小兰从房间里请出来，让她和她父母面对面地谈了谈父母如何与青春期孩子交流的问题。青春期的孩子思想渐渐成熟，开始有了自己的想法，他们迫切地希望与父母交流，并渴望得到父母的理解和支持。父母不能再把他们当成小孩子，不理会他们的想法，而是要认真地对待他们的每一个看法，及时引导和疏导，并与老师多交流，这样才能让孩子对一些不同的想法采取正确的处理方式。

自那次谈话和家访之后，我经常与小兰以及她的父母短信交流，或者面对面地交谈。一学期下来，小兰的整个状态平和了许多，见到老师会敬礼问好，课堂上也积极举手回答问题，下课还针对自己的不懂之处主动请教老师。此后，QQ群里再也没出现类似的"舆论危机"，更让我惊喜的是，在我生日那天，QQ群里的"唐老师生日快乐！"的生日祝福信息刷屏了。原来，我有一次在上课时无意中透露了自己的生日，细心的小兰就记住了，并且在我生日那天第一个在QQ群中发出祝福，同学们陆续跟帖，给我制造了一次"幸福的舆论"！

用"管"和"哄"来"爱"孩子

长沙县泉塘中学　唐羽弘

一、"爱孩子"——为班级管理奠基石

爱，是做好教育工作的基础，班级管理的一切出发点都应该是爱孩子。初中阶段对孩子来说是关键时期，他们的身心发展发生着剧烈变化，那么，要怎样才能让孩子体会到并理解老师的爱呢？

我班的孩子思维比较活跃，这是件好事，但是如果不学会把握尺度，就会造成违反课堂纪律等不良后果。果不其然，开学还不到两个星期，就有一个孩子因为纪律问题触犯了班规校规。我当时对他的处罚是在座位上站一节课，没想到这个孩子连站着都不让人省心，无奈只能继续被罚站，最终站了一个上午。晚上回家后，我接到了孩子妈妈的电话，电话那头孩子妈妈语气有些伤心，因为孩子回家后哭了。第二天，我马上找孩子谈心，了解原因。其实孩子哭泣并不完全是因为被罚站了一上午，而是因为被罚站错过了体育特长生的选拔。事后，我立刻联系了体育老师，并为孩子争取了一次参加选拔的机会。当我告诉孩子他又可以参加选拔比赛时，他脸上发自内心的笑容和眼神中流露出的感谢让我印象深刻。

我想，在那一刻，孩子懂得了老师的爱。孩子们是非常聪明的，他们善于观察的眼睛和敏感的心灵能感受到老师的爱。当我们从细节入手去了解孩子的需求时，我们的爱会更容易被孩子理解和接受。

二、"管孩子"——量化管理支撑班级管理

为了明确每名学生在班级中的位置和责任，使学生体会到自身的价值和尊严，我在班级管理中建立了一套"事事有人干，人人有事干"的制度，对学生试行个人操行分量化管理。我将学生的综合表现分为三个主要方面：学习、纪律和卫生。学习方面包括每日各科作业的上交情况以及作业质量反馈情况，纪律包括上课、午休、课间、两操等方面，卫生包括个人周围卫生以及个人所负责的班级或公共区卫生。班长、学习委员、科代表、纪律委员、卫生委员根据班级具体情况，每天登记同学们的操行加减分情况，每周一小结，每月一总结。我将操行分的排名情况作为孩子在校的综合表现依据，选出前10名和后10名，进行相应的奖励和惩罚。

这样一来，学生每天的表现都可以被量化成具体的分数，当他们看到自己加分或减分时，心里都会泛起涟漪。有很多学生在日记中写道，当自己通过努力加了操行分时，内心十分高兴，决心继续好好表现；当自己因为某件事情被扣分时，便会十分后悔。这时，我就会根据扣分的具体事件，帮助他们分析原因，找到改进的措施。

三、"哄孩子"——班级活动为班级管理助力

孩子们的内心世界是丰富多彩的，想法也是多种多样的，我们班的孩子尤其如此。一个孩子在日记中写道：我的小学生活有很多活动，但是到了初中，生活变得无趣，做作业成了主旋律。对此，我进行了反思：为什么不多举办些对孩子们有意义的活动呢？

于是，我召集班干部组织开展了第一次班级活动——学习经验交流会。这个交流会我没有插手，完全交给孩子们去策划。起初我还有点担心，但结果证明：孩子们是有想法、有能力的。整个交流会在学习委员等班干部的组织下进行得十分有序，孩子们不但讲得十分投入，听得也十分认真。在事后的日记中，很多孩子写道，那天感受最深、收获很大的是学习经验交流会。在适当的时候，教师选择适当的主题，开展班级活动，让孩子们互相交流，不但能缓解他们的学习压力，而且能增强班级的凝聚力，锻炼孩子们的综合能力。

案例：一次"失败"的班会

一次常规的班会活动即将开始，碰巧那天我有事不能参与。为保证班会顺利进行，我特意指导班长和团支书如何开展活动，包括活动内容和环节。我原本以为会平稳度过，哪知这帮孩子自行开展的这次班会不但没有取得应有的效果，反而因为纪律问题被学校领导批评。我压抑住内心的怒火，找到班长，和他语重心长地交谈，得知孩子们是由于表现过度、自作主张，没有把握住活动节奏而导致场面失控。我意识到这是一次让他们自我反省总结的绝好机会，从失败中认识到不足，思考改进的方法，比老师的苦口婆心更为有效。果然，下午的班级总结由班长牵头，他和同学们一起总结了这次"失败"的班会。班长总结发言时，全班鸦雀无声。放学后，一名同学走上讲台拍了拍班长的肩膀，说了一句："你真棒，说得很好，我们很感动！"此时，我会心地笑了，这次"失败"的班会反而让我们收获了更多。

指导孩子们开展完美的班会，是每一位班主任希望达到的理想目标。然而，一次"失败"的班会让我意识到，只要正确分析和引导，无论班会本身是否完美，都可以给孩子们上一堂德育教育课。不管活动本身是成功的还是失败的，只要能够让孩子们的心灵有所触动和感悟，这个活动就是有意义的。

四、家校联系是班级管理的桥梁

处理好跟家长之间的关系，让家长理解、帮助并支持班主任的工作，在班级管理中也是至关重要的。我认为，多与家长沟通是最行之有效的方法。当我从关心孩子的角度与家长交流时，家长给予我的是一份感动、一份热情。

例如，我们班级教室里现在多了一个书架和很多绿植，这些都是家长们自愿、主动捐赠的。当绿植给我们的孩子带来更多新鲜的空气，当书架上的书让孩子的心灵得到更多升华时，家长们会感到欣慰，老师们也会感到满足。爱汇成涓涓细流，让孩子们清楚自己每天的进步与不足，也让家长感受到孩子们的成长和历练。

五、结语

虽然班级管理工作千头万绪，但重心是不变的。在班级日常管理和各种班级活动以及师生沟通、家校沟通的点点滴滴中，培养孩子们良好的学习和生活习惯，关注孩子们身体与心理的健康，给孩子们一个美好的初中学习生活，是我作为一线教育工作者的目标和使命。每个孩子身上都蕴藏着巨大的、不可估量的潜力，让我们多与他们交朋友，多一点沟通、少一点指责，多一点信任、少一点猜疑，那么，孩子们一定能拥有一个美好的未来！

反思赏识教育，回归育人本质

长沙县五美中学　王萱麟

　　近日，宁波一则新闻《一篇作文得了18颗"星星"》引起了教育工作者的关注。新闻报道了在一次习作练习中，小学三年级学生晶晶的一篇作文得了18颗星星。面对语文老师如此高的赏识，孩子自然是欣喜不已。孩子的母亲在开心之余，看到孩子得意扬扬的神态，却心生一丝担忧：小学生的赏识教育会不会过了头？我不知道这位老师为什么会给出18颗星星，难道星星越多，就证明作文的质量越好吗？假如只给学生作文1颗星星，两者在促进学生进步方面究竟有多大的区别？同时，对这名学生而言，他以后写作文时能接受的只有老师给他更多的星星，但是现实是不可能的。因此，我认为对赏识教育要重新加以认识。

一、赏识教育的本质及现状

　　赏识教育的创始人是周弘老师，他认为赏识教育是赏识孩子的行为结果，以强化孩子的行为；赏识孩子的行为过程，以激发孩子的兴趣和动机；创造环境，以指明孩子发展的方向；适当提醒，以增强孩子的心理体验，纠正孩子的不良行为。赏识，其本质是爱。学会赏识，就是学会爱。人性中最本质的需求就是得到尊重和欣赏。赏识教育的特点就是注重孩子的优点和长处，逐步形成燎原之势，让孩子在"我是好孩子"的心态中觉醒。赏识教育成为近年来学校和家庭教育的一种趋势，被很多老师和家长所效仿。我们常听到老师和家长对孩子说："你真棒！""你真能干！""你真聪明！"等，为孩子唱赞歌。因为成功的某些个案，许多家长和老师就把赏识教育奉为教育孩子的灵丹妙药。

我有一个外甥女，她的妈妈就常用这种方法。我发现，我的外甥女对表扬非常乐意接受，而对批评常表现出一哭二闹的做派，不肯接受，对此我非常担心。孩子未来的道路一定不会一帆风顺，她在心理上能否做好面对挫折的思想准备呢？我们经常看到，许多孩子承受挫折的能力非常差，经常有学生离家出走、轻生、发生精神疾病等现象的报道，而这些问题的发生往往是由赏识教育过度、挫折教育缺失所造成的。

二、赏识教育得到认可的原因探究

赏识教育得到普遍的认可，我认为有以下几点：①现代教育提倡家长要爱孩子，老师要爱学生，因此赏识教育就成为爱的代名词，赏识孩子或学生越多，就似乎越能证明自己更爱孩子或学生。②现在孩子往往都是独生子女，家长对孩子倾注了自己所有的心血，他们给孩子吃好的、穿好的，面对孩子的缺点和问题舍不得批评教育，发现孩子的一点优点和聪明之处就给予表扬。③在短期内，赏识教育能最大限度地促进学生发展。

三、古今中外理解的赏识教育

笔者不才，但据我所知，古人因赏识教育成才的典型例子几乎没有，但对挫折教育却非常推崇，如孟子曾说："故天将降大任于斯人也，必先苦其心志，劳其筋骨，饿其体肤，空乏其身，行拂乱其所为，所以动心忍性，曾益其所不能。"意思是上天要把重大责任降临在某人身上，一定要先使他的内心痛苦，使他的筋骨劳累，使他经受饥饿，使他受贫困之苦，使他做的事颠倒错乱，总不如意，通过这些来使他的内心警觉，使他的性格坚定，增加他不具备的才能。也就是说，人只有经历磨难和挫折，才能增长才干。

国外许多教育家、哲学家对逆境成才也有至理名言。拜伦说："逆境是通往真理的第一条道路。"苏格拉底说："逆境是磨炼人的最高学府。"恩格斯曾说："逆境使天才脱颖而出，顺境会埋没天才。"在现代赏识教育的背景下，也出现了不少名言，如"没有教不好的孩子，只有不会教的父母""赏识导致成功，抱怨导致失败""天生我才必有用，最后一名也自豪""赏识教育是让父母领取合格证的教育""不是好孩子需要赏识，而是赏识使孩子变得越来越好"。在我看来，赏识教育的名言很难有说服力，就像"没有教不会的学生，只有不会教的老师"这句一样，至今让人争论不休。美国曾是令国人津津乐道的赏识教育比较成功的国度，但是目前美国教育却在向中国学。《素质教育在美国》一书罗列出许多惩罚学生的方法和措施，有一些在某些方面已合法化，如学校体罚学生是合法的，老师"适当"地打学生也是被允许的。这说明国外对赏识教育的态度发生了转变。

四、其他教育方式弥补赏识教育

现在学生从小就接受赏识教育，但是随着学生的成长，常识教育的弊端逐渐显现出来，其使学生承受生活压力的能力及处理挫折的方法明显滞后，现在越来越多的有识之士已经意识到问题的存在，并企图用其他教育方式加以弥补。本地许多中学纷纷开展活动，为改变学生因赏识教育产生的娇生惯养、以我为主的生活态度，组织学生奔赴贵州麻江县下司民族中学开展体验活动，使学生们深刻体会到了贫困地区学生生活的艰辛，学会了感恩与珍惜。2009年11月至2010年5月，我校2300余名学生分四个时间段，参加了为期一天的素质拓展训练。训练项目包括背摔、攀岩、高空断桥、过求生墙等。2011年4月底，我校在天童森林公园举行了野外生存训练，共2034人参加，活动包括原始山路攀爬、野外消防演练、野外急救演练、个人素质拓展等项目。2011年11月26日，600多名姜山中学的学生在种粮大户卢方兴的田头，挥镰开割，体验农忙生活。我们发现，学生的年龄越大，他们对赏识教育的依赖性就越小，就越需要在生活中体验困难和挫折。

五、"狼爸""虎妈"热议的再思考

与赏识教育相对的是挫折教育、棍棒教育。目前赏识教育似乎已覆盖了挫折教育和棍棒教育，所以学校大都持这样的观点：教师不能体罚学生，要看到学生的闪光点；没有教不会的学生，只有不会教的教师；等等。但是近期有关"狼爸""虎妈"的教育方式引起了热议。"狼爸"名叫萧百佑，广东人，毕业于暨南大学国际金融专业，是奢侈品行业的从业者，同时涉足地产行业。他的三个孩子先后考上了北京大学。萧百佑著有《所以，北大兄妹》一书，其教育方法被媒体总结为"三天一顿打，孩子进北大"，其本人也被称为"中国狼爸"。其管教方式是："打"是洗礼，是父母给孩子的圣经。其教育理念是用最传统、最坚决的方式管教孩子。"虎妈",原名蔡美儿,美国耶鲁大学的华裔教授。她出版了一本名叫《虎妈战歌》的书,曾在美国引起轰动。该书介绍了她如何以中国式教育方法管教两个女儿,她骂女儿垃圾,要求每科成绩都拿A,不准看电视,琴练不好就不准吃饭,等等。"虎妈"的教育方法轰动了美国教育界,并引发了美国关于中美教育方法的大讨论。"虎妈"的故事也登上了《时代》周刊封面。"狼爸""虎妈"的事迹是对当今赏识教育的又一次否定,亦是对中国传统教育方式的肯定。虽然我不同意"棍棒之下出人才"一说,但其或多或少说明中国传统教育方式的生命力依然强大。

六、赏识教育降温势在必行

美国成功心理学大师克利夫顿认为,"教育就在于发现学生的优势并利用这些优势。"苏联大教育家马卡连柯指出:"凡是必须使用惩罚的地方,凡是使用惩罚能够有益的地方,老师就应当使用惩罚。"其实,适当的批评和惩罚,只要不是以恶意中伤及体罚学生为前提,都未尝不可。我国当代著名教育家魏书生老师深得教育的真谛,他不仅擅长激励教育,对批评、惩罚教育也颇有研究。在实际工作中,他摸索出犯错误写说明书、写心理病历、唱歌等惩罚措施,取得了出其不意的教育效果。因此,笔者呼吁,在当今家庭教育、学校教育中应少一些赏识教育,多提倡一些挫折教育或惩罚教育,形成社会舆论的转变并获得办学机构、主管部门的政策法规的支持和保证,让学生能健康茁壮地成长、成才。

浅谈创新教育问题

长沙县五美中学　王萱麟

在知识经济时代，社会发展与日俱新。在教育领域，仅仅依靠成绩来判定学生优劣的时代已经过去。创造知识和应用知识的能力将成为影响一个国家综合实力的决定性因素。面对新世纪的新要求，如何搞好创新教育？本文将就此展开讨论。

一、自觉端正育人态度

"态度决定一切"，在教育领域，端正的育人态度是一切创新教育活动开展的基础。相对于教书育人旧态，在新课改浪潮中，当今教育界对教师教学实践的要求有所提高，不仅要求教师教授学生科学文化知识和技能，还要求教师培养学生的核心素养和创新意识。创新教育其实是为了激发学生与生俱来的好奇心。它不仅能培养学生的敏感力、应变力、创造力，还能培养学生的探索精神和科学探究的动手能力。在创新教育的研究中，教师也能迅速提升自己的科研水平，与学生共同成长。

二、教材是创新的主要工具

我们培养学生的创新能力，不能好高骛远地追求那些尖端科学或发明创造的相关理论，而应该实事求是地钻研教材，深挖教材中的宝藏，并将其贯穿于各科教学过程的始终，融合于整个教学的动态发展过程中。教师只有基于教材阅读、思考、实践，才能培养学生的创新意识。教师还可以转发一些创意，或者一些能激发创意的文章，或者阐述某个原理的文章到班级群里，引发学生讨论。例如，一篇关于最速曲线的文章提出，无论从最速曲线的哪个点下滑的物体，最终都会同时到达终点。一个学生立刻对图像的真实性提出质疑并引发大家的思考，最终以学生上网查阅资料自学结束了这场争论。

三、创新教育需要建立一种新的课堂教学目标体系

在学科教学中，为了把创新教育落到实处，教师必须建立一种新的课堂教学目标体系，不断改变原有的陈旧的教学模式，优化教学过程，强化教学反馈，完善教学评价机制。在教学方法上，教师要做到精讲精练，构建以学生为中心、以学生自主活动为基础的新型教学过程，把课堂主人的位置还给学生；重视创设新颖、有趣的问题情境，从激发学生学习情感入手，进而激发其求知欲和创新意识，保护学生的好奇心，发展学生的想象力；重视学习过程和自学探究的设计，由过去的教师设定问题问学生，发展到学生主动思考问题，向教师和书本质疑；重视思维方式和学生心理素质的研究；重视现代化教学手段的运用，提高教学效率和学生的信息素养。

四、敢于提出疑问是创新教育的起步

伟大的人民教育家陶行知先生说过："发明千千万，起点是一问。"意思很清楚，即疑问是发明创造的起步。在实施素质教育的今天，我们要充分运用课堂教学这一主渠道或课外活动这一主阵地，激发学生的创造性思维。激发学生思维的方法多种多样，如一题多问多解，合理想象，遇事多问几个为什么，等等。在教学实践中，我会给学生开设丰富多彩的课外活动（如美术展览、讲故事等），激励学生动脑、动手设计制作有关模型，展示自己的独创精神。对于还在学习成长中的学生，教师要不断鼓励其发挥潜在能力，学生也会因动手、动脑的创新而充满快乐。如果教师的点拨指导和学生的创新能力相碰撞，就会闪现出耀眼的火花，学生的潜在能力就会插上强有力的翅膀，使学生的思维更加开阔。

五、积极创新教学方法

教学方法是构建教学体系、搭建教学平台、优化教学体系的基础，犹如建造摩天大楼的钢筋，一旦教师教学方法的创新缺乏科学性，就会使教学平台

摇摇欲坠，教学质量就无法得到有效保障。基于此，教师要从教学实践与教育创新认知出发，立足新时期教育事业发展新常态，找准自身在创新教育过程中的定位，用发展的眼光看待创新教育问题，用持续且连贯的教学行动调整创新型教学方法，继而在开展创新教育活动的同时，达到提高教师教学方法创新能力的目的。例如，教师在进行某项专业技能教学时，为了调动学生自主学习积极性，培养学生核心素养，通常会启动合作学习小组，引导学生按照教学实践任务要求进行合作学习。教师要持续关注教学方法应用的实效性，通过合作探究、观察、实践等方法，凸显创新教育的价值。

六、强调创新思维的培养

人的能力的强弱主要取决于人的思维素质的高低。有了高层次的创新思维素质，人就会有高级别的外显创新能力。教师指导学生进行创新思维训练，是提高学生创新能力的关键所在。创新思维是在一般思维的基础上发展起来的，它是后天培养和训练的结果。在学生创新思维的培养过程中，教师要努力做到以下几点：

（1）激发学生的学习动机，培养学生的学习兴趣、求知欲和好奇心。

（2）鼓励学生勤于思考、主动思考。

（3）在教学中引导学生掌握思维的方法，认识和把握创新思维所具有的内在规律，并掌握一些具体的开发创造性思维的方法，这是培养学生创新思维能力、开展创造性思维活动的关键环节。

（4）尊重学生提出的问题，欣赏学生表达出来的具有想象力和创造力的观点，对学生的意见有不同看法或需要批判时应充分说明理由。

（5）帮助学生不断丰富自己的知识经验，增强表象储备，强化想象力，使学生学会多观察、多深入、多了解、多记忆、多搜集素材。

（6）帮助学生掌握有利于培养提高想象力的一般方法，如比喻、夸张、联想、迁移、变换、类比、对比，以及多角度、多方位的思维方法。

七、授之以鱼不如授之以渔

学生在实现创意的过程中遇到问题是很正常的，但我们不能在学生一遇到问题时就立刻帮助他们解决"干净"，有时他们遇到的问题也非我们教师所能解决的。这时，我们首先要做通学生和家长的思想工作，让家长给予学生足够的信心和鼓励。例如，学生上网查阅相似问题，自学未知的领域，寻找内行人员教授，等等。若问题解决方案依旧无法实现创意，教师要及时帮助学生调整方案，鼓励他们再次尝试。在这个过程中，教师一定要把主动权交给学生，仅需要提供对解决方案的建议。通过这几年的经验，笔者发现其实学生远非我们想象的那么脆弱，甚至可以说学生会处处给我们以惊喜。

八、教师要不断提高自身的专业素养

教师提高自身的专业素养是十分重要的。那么，教师如何才能提高素养呢？我认为教师应该在学习中提高素养。教师的天职是传道、授业、解惑，而学生最不能原谅的就是教师的一知半解。在知识更新速度加快、传播渠道多样化的今天，教师已不再是学生获取知识的唯一途径。人生有涯而知识无涯，教师的知识是有限的，再博学的教师也有不懂的时候，也有不知道的东西。知识是从事教育工作的财富，是连接教师与学生的中介和纽带。渊博的知识积累，不仅是教师自我完善的要求和从事教育教学工作的保证，而且是教师业务水平的标志，是教师影响力的源泉。教师只有不断提高自身的专业素养，在教学中才能"知其然，且知其所以然"，才能游刃有余、深入浅出，才能讲得"精、深、透"，才能讲出灵活性和趣味性。

其实，创新教育就像一片汪洋大海，最初每个参与其中的学生都是一只单薄的小船，教师就好比"帆"，在创新思维上给予学生方向的指引。在这个过程中，学生不断地用他们拓展的思维和宽阔的视野将单薄的小船逐步打造成大型船只甚至是轮船，还不断地用他们聚敛的思维有条不紊地调整船只的航线，终有一天，他们会脱离我们自己上路，而我们只需祝福他们一帆风顺！

参考文献
周瑞辉，傅安玲. 马克思主义理论教育载体创新与耦合［J］. 思想政治教育研究，2017，33（2）：37-40.

构建和谐校园之我见

长沙县特立中学　王　彦

中共中央提出构建社会主义和谐社会，是加深对党的执政规律认识的结果，是全面认识中国特色社会主义的结果，是随着改革开放的深入发展提出的全新历史性课题。学校是社会的一个重要组成部分，中共中央提出的构建社会主义和谐社会，对学校同样具有重要的指导意义。一所学校，只有和谐才能发展，也只有和谐才能不断创新，才能培养出符合未来社会需求的新型人才。那么，我们应当如何构建和谐校园呢？

一、构建和谐的人际关系

在一所学校，人际关系主要由领导和教师、教师和学生、教师与教师及学生与学生之间的关系构成。构建和谐的学校人际关系，校长是关键。校长要有高尚的情操，光明磊落，以德服人，要相信学校里的每一个人，相信每一个教师都是为了搞好教育工作而来学校教学的，相信每一个学生都是为了搞好自己的学习而来学校读书的，在信任的基础上考虑学校的人际关系。人际关系本质上是一种心灵与心灵的关系，所以校长要善于沟通心灵，要用光明前景激励人心，用真情关怀温暖人心，用坦诚相待交换人心，用人格魅力征服人心。此外，如果校长和教师之间、校长和学生之间可以相互理解、相互尊重、相互体谅，那么学校师生将会更加宽容，和谐的学校人际关系也将得以建立。

和谐的班级人际关系的培养在构建和谐的学校人际关系中至关重要。友好、合作对于学生进步和心理发展，以及增强集体凝聚力等都具有积极的意义。学生群体中的人际关系是重要的教育手段和教育内容，具有两个突出的特点，即纯洁性和丰富性。学校是向下一代传授知识与文明、传播科学与真理、传承道德与精神的场所，教育的对象是天真无邪的孩子，这必然体现在学生的群体人际关系中。同时，在班集体中，所有成员都可以进行直接交往，而几乎所有教育活动也都是以人际交往的形式进行的。学校越是追求教育效果，学校的人际关系就越丰富多彩。因此，改变控制方式、优化师生关系、积极创设教育情境、营造良好教学气氛、丰富集体活动内容、更新活动方法和组织形式等都有利于和谐人际关系的培养。

二、构建和谐优化的教育体系

学校的中心任务是教书育人，构建和谐优化的教育体系成为构建和谐校园不可或缺的方面。构建和谐优化的教育体系，就是按现代教育的要求，让学生学会生活、学会健身、学会学习、学会关心。

学会生活，就是学校要加强生活实践教育，提高学生的生存素质，拓宽劳动教育内涵，加大科技含量，传授科技知识，训练学生的动手操作能力，发展学生自主、创造、竞争、合作的个性品质，引导学生学会欣赏并享受美好的生活，达到"生活与生存的和谐"。

学会健身，就是学校要探索特色健康教育，提高学生的素质，注重活动课程实效，拓宽特色教育活动面，提高活动教育质量，培养学生敢于竞争、竞技的个性品质和健康、坚定的人格，发展学生的审美、塑美能力，增强学生的心理素质，以提高学生的身心素质和审美素质为主体，引导学生学会健身，达到"训练与锻炼的和谐"。

学会学习，重点是研究学法，改进教法，精讲精练，优化教学过程。学校要以网络技术为平台，全面提高师生的信息素养，以"做中学"实验为基点，努力培养师生科学探究的学习能力；要让学生通过眼、手、脑、口等感官的同时使用激发兴趣，发展思维，探究问题，走自主创新性学习之路，引导学生学会学习，达到"施教与求知的和谐"。

学会关心，就是要弘扬人文智慧，以人为本，张扬个性，尊重人格，注重心灵的共鸣。师生以尊重、关心为前提，体现以"关爱、宽容、和谐、共生"为宗旨的人文素质特征。学校要着力从人心、人格、人性、人生四个方面推动师生的教育实践活动，并促进师生在活动中共同提高；通过创设的情境和教育机智，大力弘扬自主、创造、竞争、合作精神，让学生在优良的人文环境中潜移默化地学会关心，达到"管理与自律的和谐"。

三、构建和谐的教育环境、校园环境和校园文化

校园环境是指各种影响人的教育因素的总和，主要由校园的自然环境、物质环境、人际环境、观念环境及周边环境等组成。和谐的校园环境对学生能起到独特的、其他教育方式难以替代的作用。校园的自然环境包括校园的花草树木、空气质量、噪声范围和光线亮度等。校园的物质环境则指校舍建筑、图书资料、仪器设备和其他一切有形的教学设施。舒适、幽雅的自然环境和卫生、安全的物质环境使得师生们神清气爽，心情愉悦，能更好地投入每天的工作、学习和生活。校园的人际环境是无形的，即我们前面提到的人际关系。它和观念（最重要的有价值观念、审美观念、文化观念等）等因素构成的环境最不容易把握。校园观念环境的影响力取决于它附着的群体，通俗一点讲，就是所谓的校风问题。当某种观念在师生群体中的附着面很小时，也就不能成"风"。校风的核心是学校经过一定时间的积淀、整合而形成的比较稳定的观念系统、信仰系统、目标系统等。以上四类环境，一类和二类属于物化环境，三类和四类属于人文环境。实际上，物化环境也可以反映出人文观念。观念环境的重要性和广泛性，使得我们更容易理解观念环境建设的必要性与可能性。同时，教育的使命使我们不得不特别重视观念环境，而且必须从综合治理中构建环境，有效地建设观念环境。学校是个小环境，社会是个大环境。我们这里所说的周边环境，即指社会大环境。周边环境既有地理位置的因素，又有周边观念的影响。周边环境对学校的影响是很大的（有积极的，也有消极的），我们在构建和谐的校园环境时，不能不对其加以特别的关心与思量。

学校是培养人、教育人的地方，它不仅是教室、操场的概念，还是环境、文化的理念。校园文化所营造的育人氛围无时无刻不在发挥着作用，它具有隐蔽性和延续性的特点，在潜移默化中发挥着环境育人的功能。

文化的力量是深入而持久的，因为它根植于每个人的意识当中，成为稳定不变的基因，进而影响人的一生。书香校园不仅是让师生多读书，更是通过各方面的因素丰厚师生的文化底蕴，从而使其成为有儒雅气质和高尚情操的人。在21世纪的今天，读书是提升一个人能力的有效方法，也是一个人跟上时代步

伐的有效途径。学校应该成为教师博古通今、畅想教育理想的学习型组织，成为学生奋发向上、乐学好学、书香浓郁的乐园。

积极、健康、向上的校园环境和文化对学生的审美情趣、道德情操起着潜移默化的教育和激励作用。让每一株花草都能育人，让每一面墙壁都会说话，让每一条通道都富有生命力，让每一处设施都具有教育功能，让校园环境成为滋养学生心灵、熏陶学生情操的沃土，这是学校对校园环境建设的基本要求。学校的墙壁、橱窗都可以成为对师生进行爱国主义、集体主义和社会主义教育，思想品德教育，养成教育的实践阵地，让每一个人都产生强烈的自豪感和责任感；校园里、草坪里、花坛上一块块风格迥异、样式新颖的"格言牌""警示语"，建筑上各种励志标语，不仅巧妙地装点着美丽的校园，而且无声地规范着师生的言行举止，营造了良好的育人氛围；各班级教室里、走廊里都有励志标语和宣传阵地，适时的宣传让学生们耳濡目染，化作无穷的学习动力。

教室是学生播种梦想和记录成长的殿堂，对于教室的布置，既要有文化上的特色，又要有艺术上的内涵，还要体现出文化的要求。各班以"一班一品牌，班班有特色"为目标，积极打造班级特色文化，提升班级形象，努力探索和实践个性化的班级管理模式。在窗明几净的教室里，学生们用自己的心灵和智慧在教室的墙壁上展示着自己的梦想。无论是轻松活泼的评比栏，还是豪迈激情的展示栏，以及架起师生沟通桥梁的对话栏，无不洋溢着宽松、民主、和谐的气氛。

总之，和谐可以凝聚人心，和谐可以团结力量，和谐可以发展事业。校园奏响和谐的旋律，必将为学校、教职工和学生的发展注入活力。我们要更加珍惜团结、和谐的局面，始终用和谐的音符推动学校稳定持续地发展，以发展增和谐、以改革促和谐、以公平求和谐、以稳定保和谐，把学校建设与发展的各项事业不断推向前进。

构建和谐校园任重而道远，在前进的路上不免要应对这样或那样的问题，但我们要坚定信念、率先垂范、弘扬正气，为我们的学生营造一个和谐的成长环境，让他们形成健全的人格、树立正确的荣辱观，更要为我们社会的和谐进步而奋斗不止！

参考文献

［1］李光寒.对以人为本构建和谐校园的思考［J］.当代教育论坛：宏观教育研
　　　究，2006（3）：53–54.

［2］陈达云.试论构建和谐校园若干关系［J］.西南民族大学学报（人文社
　　　科版），2006（2）：21–25.

［3］马文革.论和谐校园的构建理念［D］.合肥：合肥工业大学，2006.

［4］程鸽.关于构建和谐校园的思考［D］.武汉：华中师范大学，2006.

多动症患者家庭教育个案分析

长沙县金井中学　杨翠竹

一、问题提出

据首都医科大学附属北京天坛医院儿科高宝勤主任分析，青少年多动症的症状有以下几个方面。

1. 注意力不集中

注意力不集中在青少年多动症患者中表现得十分明显。其症状表现为坐不住、心烦以及内心不安宁、上课听不进等，而且小动作特别多，在比较大的空间允许其活动时，活动过度的表现较明显，会干扰他人。

2. 行为幼稚

虽然患者已经处于青少年阶段，但是在其语言和行为表现上会有十分幼稚的一面，如更喜欢和低年级的学生一起玩。同时，患者更容易兴奋，喜欢戏弄他人，不懂得顾及他人的感受，总体来说给人一种不成熟的感觉。

3. 情绪问题比较多

多动症的学生存在着克制力太差、容易急躁、冲动等症状表现；受到外界刺激后的反应比较强烈，爱发脾气；冒失、过失行为比较多；忍受能力很差，自尊心也有所下降，做事缺乏动力；逆反心理比较严重，对于家长及教师的批评通常会进行对抗，和同学关系不是很融洽。

4. 攻击行为多

初中阶段的孩子正处于青春逆反时期，通常不服从指令，与家长的冲突会渐渐增加，甚至会导致家庭暴力的产生。如果是那些早期伴有违抗、攻击行为的孩子，青春期之后就会出现危险的举动，做事经常不顾及后果，事后不会吸取经验教训，很容易发展成青少年违法犯罪。

据调查，农村"打工族"留守孩子的家庭有半数缺乏文明、赏识教育。家长对待孩子语言粗鲁，甚至拳打脚踢，这样的教育不但不利于孩子的生长发育，反而会给原本患多动症的孩子更多压力；没有任何疏导作用，可能还会增加多动症孩子的情绪问题，加深其逆反程度，甚至可能导致多动症孩子模仿粗鲁语言、攻击他人的行为。总之，这样的家庭教育会适得其反。

二、个案情况

1. 小顺本人的情况

小顺是金井中学初二某班的一名男生。刚入初一时，他在学校表现乖巧、讲文明、有礼貌。新学期和家长第一次沟通时，我了解到他在小学时曾患有多动症，曾经服药半年。因为调皮，他曾扔石头、瓦片破坏邻居的屋顶，曾向伯母的药丸罐里倒水，曾玩火烧掉家里的窗帘……其父亲常年在外务工，偶尔回家，一般不与他交流，在得知小顺犯了错时，经常大声吼吓甚至打骂。其母亲文化程度不高，经常与小顺互相吵闹，母子不能和睦相处。其伯伯是小学教师，小顺在上小学期间一直被安排在伯伯眼皮底下，防止他犯事儿。初中寄宿，小顺周五放假回家也多寄住在伯伯家。由于青春期的叛逆情绪，他甚至都不听家长的教导。

2. 小顺的行为表现记录及家长的微信反馈

上初中后，据同学及班主任观察，小顺在行为习惯上改变了很多，在学校上课期间不会活动过度，也不会对他人产生过激行为。但是，小顺在课堂上精神容易涣散，小动作较多，因为基础不牢，听课的效率不高，偶尔不能完成作业。一次，小顺家长在班级群里得知小顺未完成周末作业时，私发消息至班主任，说道："假期我因轮流值班没有回家，每天都是他伯伯陪在他身边的。他伯伯尽心尽力地教他，不知这孩子怎么这么不争气，还是没做完作业。昨晚我听说他的作业本上的字是鬼画符，他伯母将他的作业撕掉要求他重新写，我后来打电话询问了他作业完成情况，他说完成了，他专门哄鬼！请老师罚他站在太阳底下补完再让他进教室。像他这种不老实、骗人的行为，要好好地惩罚几次！"还有一次，小顺在寝室违纪（与室友打闹），德育处从安全角度出发决定对此事进行严肃处理，要求通知双方家长，期望家校合作，重视安全问题。小顺家长得知后愤怒地说道："……他现在慢慢熟悉了初中，胆子也越来越大了！多动症又加重了，没办法控制。他不读书，尽是鬼名堂。如今他整个人都比刚入学时变差了。请老师务必严格管理他，拜托！"

相关专家认为，多动症的孩子随着年龄的增长症状会有所减轻，主要还是通过非药物的治疗。他们建议教师和家长平时注意对孩子的管教，避免体罚，采用心理治疗的方法，通过正向强化和奖励，也就是多表扬和鼓励孩子，以增强孩子的自信心，多与孩子交流，让孩子主动地进行自我控制，并且给予孩子充分活动、运动的时间。

三、成因分析

1. 家长不用发展的眼光看待孩子的成长

小顺自六年级以来就脱离了药物治疗，情况有所好转，可家长将医学认定的浅层多动症表现夸大其词，一出现问题，就一味地责骂，认定孩子的多动症症状越来越明显，将自己认为正确的理念强加给孩子，从来不去分析孩子行为所反映的心理需求；当学校反馈小顺的问题时，家长只强调自己的付出，失望于孩子的表现，不理解学校的反馈只是为了加深家校合作，期望共同管理，让学生表现更好。

2. 家长教育方式不科学

（1）家长缺少陪伴，只发号施令，不注重亲子关系的培养。小顺的父母将小顺托付给伯伯，平时多为电话沟通交流，电话里只是提要求，要求小顺听伯伯和伯母的话，认真学习；很少询问最近孩子的心理状况，不关心学校除学习以外的其他活动；偶尔放假回家陪小顺，也是责令他完成作业，书写不工整时，直接撕掉，要求小顺重写。

（2）文明、赏识教育缺失。一旦孩子出现问题，家长就破口大骂，甚至拳打脚踢，不注重总结孩子的进步，而是用成人的眼光来要求孩子。小顺在校人缘不错，老师、同学都喜欢他，但当老师向家长如实反馈时，家长竟评价孩子说其只对玩感兴趣。孩子自然不愿意与家长沟通学校的点点滴滴。

（3）母亲的体贴、关爱太少。一般母亲心思细腻，是最能发现孩子一举一动中体现的心理需求的。母亲可以通过观察有效地正面表扬、鼓励孩子多表达，多与孩子沟通。

（4）家长不注重培养孩子的兴趣。多动症的孩子注意力容易分散，家长可以鼓励他们进行体育锻炼，在锻炼中磨炼意志力、培养注意力。

（5）家长跟老师的有效沟通太少，没有随时关注孩子的动态。小顺在周记里说："控制不了自己走神，导致成绩落后，请老师相信我，我一定会努力学习，慢慢学会听课，做好课堂笔记。"当班主任欣慰地拍图发给家长时，家长却反馈道："他讲得比唱得还要好，就怕言行不一致。……请老师再多多严格教育！"本学期家长会，小顺的父亲也没有请假参加，在本村请了一位代理家长，称这位代理家长的子女培养得特别优秀。

四、采取措施

1. 家长

（1）家长要改变教育方式。家长既不能对孩子过于严厉苛刻，也不能对其放任自流，这些都会导致或加重孩子多动症的症状。"减少干预"和"创造自由的气氛"对防止和治疗多动症很有效。

（2）家长要更新教育观念，提高自身文化程度。家长要用文明、赏识教育来正面引导孩子，不能没有侧重地一味严格要求，千万不能体罚孩子。

（3）家长要密切关注孩子的一举一动。家长可以通过记录孩子学习、娱乐情况来确定孩子的兴趣科目和娱乐点，以此激发、培养孩子的专注力。

（4）家长要跟老师多沟通，随时关注孩子的动态。很多家长忙于工作，跟老师的联系就仅限于开家长会或者孩子在学校出大问题的时候。孩子在学校的情况老师是最了解的，家长如果能够跟老师多沟通，就能及时发现孩子在学校的表现，并及时跟孩子沟通，及时解决问题。

2. 学校

（1）老师要和家长积极配合，上课时尽量把这类孩子座位安排到前排，要多地与他们交流，以减轻他们的学习压力；如果孩子在集中注意力方面有所进步，应及时表扬、鼓励。

（2）老师应注重家庭教育指导，多开展讲座，邀请家长参与，帮助家长树立正确的教育理念，采取正确的教育方式；让家长真正了解孩子的需求，给予家长实实在在的帮助。

3. 政府

政府要重视家庭教育工作，加大更新家庭教育理念的宣传力度；要将社区关怀落到实处，对于多动症患者家庭，社区可多开展亲子活动、志愿者活动，加强亲子沟通的宣传，帮助家长培养患者的专注力。

浅谈劳育与食育之于学校教育

长沙县梅花中学　李　焕

一、劳育

1. 劳育的背景

2018年9月10日，习近平总书记在全国教育大会上强调要努力构建德、智、体、美、劳全面培养的教育体系，明确将劳动教育作为全面发展教育的重要组成部分，强调了劳动教育的重要性。

近年来，随着人们收入水平、生活便利度的提高，中小学生的劳动教育越来越不受重视，普遍存在中小学生的生活自理能力和动手能力较差的现象。劳动教育在学校中被弱化，在家庭关系中被软化，在社会中被淡化，在研究中被虚化。根据达尔文"生长相关律"和"环境适应论"，中小学生如果长期缺乏劳动，是否会影响其大脑组织及其他器官的退化？长期沉迷于网络虚拟世界、缺乏对"真实"世界的认识和体验又是否会影响其社会生存能力和创新能力的发展？因此，如何厘清和把握新时代劳动教育的发展是实施劳动教育的前提性问题。

放眼全世界，很多国家十分重视劳动教育。比如，德国十分重视基础教育中的劳动教育，并将它视为学生全面素质教育的重要组成部分，贯穿基础教育的全过程。德国的劳动教育主要体现在重视家政课的教学实践，并以教会学生生活作为劳动教育的基础和目标。学生不仅需要学习和掌握烹饪、清扫等劳动技能，还需要学习家庭美德、理财、营养知识等常识。除了教学生了解人类生活中的技能和知识之外，德国劳动教育还十分注重引导学生了解并学习现代生产活动的过程，并使他们了解劳动与环境生态保护、劳动与社会的关系。芬兰一直较为注重开展培养学生生存技能的劳动教育。同样，芬兰在中小学阶段会开设很多与劳动教育相关的课程，其中最具代表性的就是技术课、纺织课和家庭经济学课程。技术课和纺织课一般在小学三年级开设。在技术课上，学生会在教师的指导下学习使用锯、刨子等工具，并进行简单的木工制作。到了中学阶段，劳动课程的难度会提高，教学将以教学生使用更为复杂的器械制作木椅、圆桌等家具为主，也会教授一些简单电器的制作。在纺织课上，学生则要学会使用缝纫机。小学阶段，学校会要求学生进行简单的布艺制作。芬兰不仅明确设置一些劳动教育相关课程，也会在其他一些学科的课程设置中贯穿劳动实践内容。这些发达国家都十分重视劳动教育，因为其所教授的基本的生活技能无论在学生以后的工作中还是生活中都将不可或缺。

现在国内中小学的日常课程除了教授学科知识，几乎没有教授其他的技能。学生衣来伸手、饭来张口，家长面面俱到，把孩子们伺候得服服帖帖，教师也无异于保姆一般，因此催生出"巨婴"或"妈宝男"一些"新兴人类"。劳动教育被忽视的一个重要原因在于长期存在的关于"脑力劳动与体力劳动""物质劳动与非物质劳动"的二元化区分，这种区分已经无法从根本上把握数字时代劳动的新特点。生产劳动仅仅是劳动的一部分，真正的劳动还应包括服务劳动、精神劳动、公益性劳动、艺术劳动和探索性劳动等。新时代中小学劳动教育的重建要紧密联系时代的发展，认清现代社会劳动的本质和需求，注重培养学生符合时代发展需求的劳动意识、劳动习惯和劳动能力。这不是社会、学校或家庭单方面的事情，而是这三个教育渠道互相配合、密切联系、各司其职的整体性教育。

2. 开展劳动教育的途径

第一，完善当代劳动教育理论基础，提高师生对劳动教育重要性的思想认识，形成崇尚劳动的教育氛围。在新时代我国社会主义事业的发展背景下，学校要进一步准确界定当前劳动教育的本质和功能、内容与形式等问题。实践若得不到理论的指导，就会导致劳动教育的盲目性。

第二，中小学不仅要开设劳动教育相关课程，还要将实践劳动教育理念贯穿各个教育环节；同时大力开发校本劳动课程，在课程开发中融合现代化生产劳动模式、科学技术、信息技术等内容，多维度、多领域地培养学生的创新性劳动意识和动手能力。

第三，由地方教育行政部门统筹建立劳动教育实践基地，为中小学提供开展劳动教育的固定场所。这是劳动教育得以顺利实施的物质保障。地方教育行政部门要联合工厂、农场建立区域性中小学劳动实践基地，让学生在现实的劳动场所中参与、感受、理解劳动生产；同时要引导学生采用现代化的科学技术，勇于创新，培养其科学探究精神。

第四，鼓励学生积极参与家务劳动。家长是孩子的第一任教师，要教导孩子从小参与家务劳动，从小事做起，从自己的事做起，孩子能做到的事情家长不要代劳。孩子只有亲自参与劳动，才能体会到父母的辛劳与不易，从而树立尊重父母、孝敬父母的意识。

早有先贤指出："一个远离体力劳动的人是无法辨别真假对错的，当假被当作真、无被当作有的时候，社会道德体系的崩溃是难以避免的。"我们不能忽视劳动教育对学生的深刻影响，要教育他们崇尚劳动、尊重劳动、弘扬劳动精神，给予他们理智的引领，让他们在学得真知的同时不忘本；让他们在成长过程中精神不缺钙，永不丢失劳动人民原有的能吃苦、纯朴的优秀品质。

二、食育

1. 食育的意义

少年强则国强，接受教育和保障营养是一个国家青少年儿童的基本权利，学生的健康成长离不开合理的饮食习惯和生活方式，良好的营养状态是学生生存、成长、学习和玩耍的基本前提，为其之后参与社会活动并做出贡献提供了保障。而目前我国中小学的学生身体状态不容乐观。城市青少年儿童存在超重现象，农村青少年儿童则存在消瘦和超重共存的双重营养不良现象。多项研究表明，不合理的饮食习惯和不健康的生活方式是青少年儿童体质下降的重要原因。不难发现，学校里面学生爱吃的食品都是极不健康的垃圾食品，如麻辣烫、泡面、冰激凌等；学校外面的小摊小贩也是学生经常光顾的地方，而这些地方卖的往往都是"三无"产品，连食品安全都不能保证。甚至有些学生以零食代饭，饮食极不规律。零食里面的添加剂可能导致肥胖等一系列的身体问题。2012年中国居民营养与健康监测数据显示，大城市29.5%的青少年儿童每天至少购买一次甜饮料，大城市14.8%的9～11岁儿童每天至少购买一次甜饮料。

这已成为中国青少年儿童健康成长的一个重要危害。青少年儿童过多地饮用甜饮料不光会提高龋齿和肥胖概率，还会极大地提高痛风、糖尿病的发病率。目前已有专家提出"我们要像控制烟酒一样控制甜饮料"。青少年儿童正处于身体快速发展的时期，食物营养摄取尤其重要。而目前学生的饮食习惯和选择还很不合理，这就需要教师和家长对其进行饮食教育，即食育。让孩子通过食育学习了解健康饮食知识，增强分辨与选择食物的能力，是孩子拥有健康人生的第一步。目前，全球范围内各国对于食育教育都十分重视，如英国校园菜园计划、美国可食校园计划、日本食育推进计划等。

2. 食育的内涵

目前被大家广泛接受的食育概念包括两方面：一是饮食教育，即通过各种活动来促进人们学习与饮食相关的知识，培养有关饮食的正确判断能力，过健康的饮食生活，从而达到身体健康的目的；二是通过饮食开展教育，即借助与饮食相关的活动及实践进行德、智、体、美、劳各方面的教育，从而培养健全的人格和丰富的人性。食育对于我国国民来讲还是一个新兴的知识领域。目前学校食育尚未普及，许多教师和家长都不是十分了解食育的概念及内容。因此，学校食育的开展亟须提上日程。

3. 如何开展食育

一是要注重顶层设计及规划，从国家层面出台具体的实施纲要及指导意见，强调形成食育氛围的重要性；要将食物与营养知识纳入中小学课程，加强对教师与家长的营养教育，强化对学校食堂与营养配餐单位的指导，引导学生养成科学的饮食习惯。鉴于我国国民目前普遍缺乏食育意识，学校食育实践的主要形式还停留在部分学校的第二课堂，没有完全普及，因此不能奢望家长食育工作的开展能够一步到位。国家层面应组织专业人士编写家长食育总体教育大纲，各省可依次逐步开展家长食育内容的制定和课程开发。

二是充分考量不同背景人群的需求和接受能力，开发相应层次和形式的食育资源。城镇地区的家长大多注重孩子的营养，近年来对亲子活动的重视度和参与度逐渐提高，因此教育部门可借助信息化系统以及各种亲子活动平台，通过讲座、游戏互动、问答等形式进行食育；对于农村地区需要务农的家长，教育部门可通过动画视频、海报、宣传册等形式就关键内容进行图解；对于留守儿童家庭，教育部门可用当地方言录制音频，或组织居委会人员开展食育。

　　三是建立校园实践基地，端正劳动意识，加强理论与实践的结合。目前大部分城镇学校中设立了菜园或植物乐园，工作人员可制订学期计划，邀请家长和孩子一起参加种植活动，在体验劳动乐趣的同时向家长传授正确的营养及烹饪知识。没有设立菜园或植物乐园的学校，可借助教育或行政部门的力量，通过与相邻地区的城镇或农村结对子等形式开展实践活动。行政部门可组织农村家庭为城镇家长提供实践场所并传授劳作经验，加深城镇家长对本地食材的了解；同时号召城镇家长为农村家庭拓宽理论知识体系，与其交流营养配餐等知识。

　　四是培养专业型人才，强化实践活动，建设服务型的营养师团队来指导家庭食育。教育部门可通过在师范院校设立食育专业，编制专业教材，开发系统课程，增加实践教学环节；师范学校可定期组织参训师资分赴城镇及农村家庭进行实地演练，根据不同家庭的特征不断调整教学模式，以期培养出高素质的服务型、应用型、创新型营养师团队；非学历教育出身的营养师团队需要保证课程指导中食育方向、理念及知识的科学性。

　　五是注重阶段性考核评估，确保食育工作的有效性。任何一项制度的实施都可能存在时间滞后且效果欠佳的问题，家长食育也不例外。阶段性的考核评估可以及时反映家长饮食素养的状况以及他们对饮食知识与技能的掌握水平。学校工作人员及营养师应以此为依据，分析食育效果欠佳的原因，及时调整家长食育方式并持续跟进，倡导并鼓励家长时时以身作则，共同对孩子的不良饮食行为进行耐心引导。

　　当下，培养德、智、体、美、劳全面发展的学生已成为社会的共识，只具备科学文化知识的学生是发展不全面的学生，而劳动教育和饮食教育是现在学校教育比较缺失的两大方面，教育部门、家长、学校都要重视并积极开展这两大教育，为培养身体健康、全面发展的学生不断努力。

参考文献

[1]宁本涛.新时代中小学劳动教育重建的几点思考[J].中国德育，2019（4）：10-11.

[2]程蓓.食育的中国之策——基于日、美两国的经验[J].中国德育，2019（4）：14-18.

浅谈农村中学生辍学原因及对策

长沙县蒿塘中学　周　蓉

一、农村中学生辍学的原因

（一）家庭原因

很多农村家庭受传统观念的影响，子女较多，而大多数农村家庭的经济来源主要靠父母务工，他们的工资微薄，勉强能维持生活和保障老人的医疗。现在高等教育的费用较高，家里有一个孩子就读高校，就会导致家庭的支出剧增，使得本就不富裕的农村家庭倍感压力，因此家里其他的孩子在初中阶段就不得不辍学去打工，以维持家人的生活。此外，农村重男轻女的思想观念较重，经常会有父母觉得女孩子读书多了没有用，认识一些字就行了，反正将来都是要嫁人的，所以有些女生在初中阶段就被父母带进了工厂，远离了校园生活。

（二）学校原因

农村初中学校的教师队伍老龄化趋势严重，专业教师缺乏，教学器材难以满足教学需求。有些学校表面上把课程都开足了，但其实并没有专业的教师来授课，只能简单地教一点儿，难以激发学生的学习兴趣。学校部分教师教育方法陈旧，教学手段也比较简单，个别教师甚至采取体罚或变相体罚的方式来管理学生，挫伤了学生的自尊心。有些学校一味地盯着升学率，以学生的考试成绩来区分、对待学生，致使成绩较差的学生感觉受到冷落，在学习方面没有成就感，心理负担较大，对学校产生厌恶情绪，最终导致他们早早地离开了学校。

（三）社会原因

有些人受到浮躁的社会风气影响，认为"读书无用""金钱至上"，自己在学业上一事无成，还要拿这些错误的观点去影响未成年的中学生。中学生年龄尚小，价值观还不成熟，受到这些不良影响，就对自己的学业和前途失去信心，对打工和赚钱心生遐想，从而辍学去务工。还有一些孩子在成长过程中的居住环境较差，经常看到大人三五成群地打牌、打麻将、抽烟等，于是在校时他们就开始慢慢尝试玩扑克、喝酒、上网等。这些行为都能让他们体验到短暂的快乐，而且不用像读书一样花费那么大的功夫。久而久之，他们的厌学情绪越来越重，最终导致辍学。

二、解决农村中学生辍学问题的对策

（一）政府要加大法制宣传和对教育的投入力度

政府可以通过各种新闻媒体报道，或者通过举办各类活动，加强宣传义务教育法、未成年人保护法、预防未成年人犯罪法等。家长和学生都应该清楚地认识到，接受义务教育是每个公民的权利，更是一项义务，任何个人或团体都没有资格剥夺处在义务教育阶段孩子的受教育权利。对于雇佣未满18周岁的孩子工作的个人或团体，都应该受到法律的处罚，情节严重的还要受到严惩。政府还应加快学校配套设施的建设，加大师资力量投入，尤其要加强专业教师的培养，全面提升农村中学的教育资源水平。

（二）加强学校、教师、家长三位一体的相互协调和沟通

学校可以通过家长会、家校活动日、问卷调查等方式加强与家长的沟通，引导他们意识到义务教育对孩子的重要性。对于个别教育意识较淡薄的家长，学校可以多开展一些讲座，对其进行一定的教育和培训，帮助他们转变落后的思想观念。此外，学校要多向家长了解孩子的成长背景，也要将孩子在学校的表现及时地告知家长。家校合力，一起为孩子的成长出谋划策。对于家庭经济贫困的学生，学校应给予更多的照顾与关爱，号召大家给予相应的帮助，如为这些孩子捐款捐物、赠送书本等，确保这些孩子不会由于经济原因而辍学。

（三）社会共同营造良好的学习风气

社会各界应多鼓励学习，这对中学生，尤其是农村中学生的影响是无声而巨大的。比如，我执教学校所在的镇上就开设了公共图书室，居民平时都愿意来这里阅读各类书籍,中学生的身影也经常可见。镇上的文化广场也经常宣传各类文化活动,居民都积极参与。镇上的心理咨询师们也经常与我校合作,引导孩子们正确认识学习与人生目标的重要关系。这些还只是我看到的冰山一角,只要大家都行动起来,相信在这种良好社会风气的影响下,孩子们会更加热爱学习。

"百年大计,教育为本。"未成年人是祖国的未来,更是祖国的希望,每个人都有权利和义务来保障孩子们的学习机会。只要我们的政府、社会、学校、家庭齐心协力,高度重视农村中学生辍学这一现象,共同为农村义务教育阶段的孩子们保驾护航,在关注他们的学习的同时,多关注他们的心理健康,就一定能让辍学的现象大大减少,让孩子们真正享受到学习的乐趣。

参考文献

[1] 曹鹏会.农村中学生辍学的原因及对策初探 [J].中国校外教育(基教版),2011(11):5.

[2] 杨彪.浅谈农村中学生辍学原因及对策 [J].贵州教育,2014(1):12-14.

[3] 管守福.农村初中学生辍学原因及对策 [J].教育革新,2007(6):15-16.

家庭教育——爱与规矩的和谐统一

长沙县莒塘中学　周　蓉

　　我国著名的教育家蔡元培先生曾在《中国人的修养》中写道："家庭者，人生最初之学校也。一生之品性，所谓百变不离其宗者，大抵胚胎于家庭中。"家不仅是一个遮风挡雨的场所，也是孩子们得到爱、接受爱的终身学堂。这也使得家庭教育富有多面性。人们经常说，"父母是孩子的第一任老师"，这句话一点儿不假，家长为孩子塑造了什么样的成长环境，孩子就会在日复一日、年复一年的熏陶中发生什么样的成长和变化。在这个过程中，所有父母都愿意为自己的孩子创造最好的条件，但仅仅这样还不够。要想培养具有健全人格的孩子，父母还需要认识到，爱与规矩在家庭教育中是可以平衡、统一的。

　　随着经济的发展、社会的进步，人民的物质生活水平大幅度提升。但是，由于陈旧的教育观念的束缚，一部分家长没能采用正确的教育方法，对孩子宠溺到了极点，"含在口里怕化了，捧在手里怕坏了"，更不用说对孩子建立相应的规矩了。计划生育政策的实施更是催生出了一批又一批的"小皇帝"，他们衣来伸手、饭来张口，成为全家大人眼中的珍宝，有求必应。但是，我们应该清楚地看到，这些都不是真正的爱，爱不是恣意纵容，不是没规没矩，不是毫无约束。在家庭教育中，爱与规矩同等重要。

　　规矩需要从小建立，即使是小婴儿，也能感受到规矩所带来的影响。有的小婴儿睡觉，一定要大人抱在怀里哄，不然就又哭又闹，怎么都不能独自安然入睡；而有的小婴儿，一到休息时间，只需把他/她轻轻放在床上，放一点轻音乐，他/她就能乖乖入睡。有些小孩吃饭，不好好使用筷子，随手乱扔，喜欢吃的抱着不放，不喜欢的一口不吃；而有的小孩吃饭时能好好地使用筷子，安安静静，不挑挑选选，从不用父母操心。这就是没有养成规矩和养成规矩的区别。有规矩的孩子往往会更加明确地懂得哪些事不能做，哪些事可以做以及何时做。当然，在建立规矩的过程中，父母一定要注意不能随意降低自己的底线，不能因为孩子一时的哭闹就降低要求，否则后期将难以树立威信。同时，父母要相信孩子，有些力所能及的事情是孩子可以并且应当去做的，对此父母不要大包大揽，什么都为孩子包办。其实当孩子感受到父母的信任时，他们也会十分重视这些事情，并要求自己尽量独立完成。时间久了，他们自然而然就学会了真正的独立，懂得了什么叫责任。当孩子做错事时，父母不要急于指责，而应和孩子耐心地交流，一起发现问题所在，探讨解决的办法，这样孩子以后面对错误时也会更加从容和成熟。

如果说规矩是圆，那么父母的爱就是圆的半径，爱有多深，孩子的圆就有多大。生活在充满爱的家庭里的孩子是幸福的，他们不断地得到爱，也在不停地学习怎样付出爱。爱是互相关心，父母关心孩子的成长，孩子也关爱和理解父母。心中有爱的孩子不会以自我为中心，而是会处处考虑父母的感受，进而学会爱更多的人。火遍大江南北的亲子节目《爸爸去哪儿》中就有这样一幕：李湘的女儿Angela在离开了老爷爷家时，还不忘甜甜地对老爷爷说："爷爷你在家好好的啊！"一个四岁的小孩子能说出这么贴心的话，必定是因为她在生活中经常听到和看到家里人这么说、这么做，从而自己也就慢慢学会了如何去爱。如果说孩子是花朵，那么爱就是灌溉花朵的雨露。只有在爱的雨露的滋润下，花朵才会越开越美、越开越灿烂。要知道，培养一个心中有爱的孩子，远比他/她比赛拿到大奖或考试得第一名更重要。

家庭确实是孩子的第一课堂，更是终身的课堂，对孩子的成长起着至关重要的作用。在良好的家庭教育中，心中有爱的孩子更加愿意守规矩，有规矩的孩子也更加有能力去爱自己和家人。令人欣慰的是，随着人们综合素质的提高，人们也越来越重视正确的家庭教育，爱孩子但不溺爱孩子，和孩子建立民主平等、互相尊重的关系，不会无原则地迁就，更有家庭制定了"家庭公约"，全家人一起努力维护。相信在爱与规矩的共同作用下，孩子们能够更加快乐、健康地成长。

青春期异性交往的正确引导

长沙县松雅湖中学　刘　莎

　　一天晚上，我突然接到黄雪同学家长的电话。电话中，我听出了作为孩子母亲的焦虑和担心。她跟我反映了孩子的一个情况。她说，她在家看到了孩子的日记，日记里记录了她和班上一个叫胡亮的男孩子之间的事，表现出了他们之间亲密的男女同学关系。作为家长，黄雪妈妈一方面想要通过我了解他们之间的事情，另一方面希望我能够帮她好好引导她的女儿。

　　据我了解，黄雪的成长背景是，从小父母就离异了，爸爸很早就有了自己新的家庭，而她就跟着母亲一起在外公外婆家生活。母亲为她付出了很多，为了她的健康成长，母亲一直没有再嫁。孩子也很懂事，从小就特别理解母亲，也一直和母亲保持非常好的关系。正因为如此，黄雪妈妈不愿意孩子知道她看过孩子的日记，怕因此失去孩子对自己的信任。

　　挂了电话之后，我回想了一下教黄雪的这一年里她的表现。这一年来，学习上，黄雪学习能力很强，各学科都从不落下，成绩在班上名列前茅；工作上，作为我们班的班干部以及小组组长，她做事认真细致，是老师的好帮手，也是小组的好"领导"；人际关系上，她与班上同学相处十分融洽，同时她是一个情感十分敏感的孩子。自从成为她的班主任，我和她的关系亦师亦友。由于我们班是寄宿制班级，孩子们一周五天都待在学校，对于十三四岁的孩子来说，难免会依赖作为班主任的我。而黄雪更是如此，她经常会来办公室找我聊天，下晚自习课后总会到我办公室找我拿手机给她妈妈打电话。在我心目中，她是如此优秀，如此美好。

　　记得那是初一第二学期的某一天，班上有同学告诉我说胡亮喜欢黄雪，在我心目中，班上有男同学喜欢她是很正常的，所以我也没太在意。直到有一天，学生说他们在教室玩"真心话，大冒险"的游戏，然后胡亮牵了黄雪的手。听到这个，我心里有些忐忑了。所以，我在教室里跟孩子们说现在的他们处于青春期，对于异性的好感可以理解，但不可有过多的身体接触。从那以后，黄雪好像有些回避我了，不再找时间、找机会来我办公室了，即使晚自习后要打电话她也不再和我多说一句话。现在想来，当时孩子可能是心虚了，怕我会生气批评她。

那之后的一个晚自习，虽然我不用值班，但是我特意去了办公室，并把黄雪叫了过来。我首先跟她说："黄雪，刘老师是特别喜欢你的，相信你也知道。好久没找你聊了，我就想和你聊聊天。"接着我就问她："你和胡亮是怎么回事？"黄雪毫不犹豫地说："我喜欢他，他也喜欢我。"她回答得很直接。我从她脸上没有看到任何难堪或者不好意思。后来她告诉我，她和胡亮小学就是同班同学。小学的时候，胡亮是班上的副班长，不仅成绩好，和同学们的关系也特别好，因为他性格好，特别大方。来到新的学校和新的班级后，她和他的关系就越来越近了。后来，我了解到胡亮小学的时候是非常优秀、非常听话的孩子，人也很精神、很快乐。可是在他小学六年级的时候，父母关系开始恶化，经常吵架，导致懂事的胡亮变得越来越不开心。在小学六年级的那个暑假，父母离异了，这对已经长大懂事的胡亮来说是一个无法接受的事实。他无法理解父母的选择，以致每天处于痛苦之中，为了让自己不那么伤心，他开始沉迷于网络，导致他现在整个人特别颓废、悲观。就在这个时候，黄雪出现了，一个真正关心着、喜欢着他的优秀的女孩子，他们就这样彼此喜欢了。

那个晚上我和黄雪聊了很多，我告诉她，我很高兴她能够这么坦诚地告诉我他们的事情。我慢慢引导她，希望她能好好处理两人的关系，告诉她在这个年纪能够碰到一个喜欢自己、自己也喜欢的人是很美好的，也告诉她，他们的关系只能到此了，知道彼此喜欢，把这种喜欢当成学习生活的调味剂、当成学习生活的动力，甚至我希望她能够帮助胡亮找回以前的那个他。我告诉她："你如此优秀，以后你会遇到更多优秀的男孩子，慢慢地你会发现你也会喜欢他们，这是人的'爱美之心，爱上之心'。如果在高中毕业之后，你依然认定胡亮这个人，刘老师甚至都可以给你们做中间人哦。"她听了之后笑了。黄雪是个自尊心很强的孩子，刚好在我跟她谈话之后的月考中她的成绩退步了，所以她给我发了一条长长的短信：刘老师，对不起。我知道您对我的期望很高，我更不想辜负您对我的期望。我知道自己考试没有尽力，但是我没有理由解释，我知道我和胡亮的事让您操碎了心，我们两个的事情也影响了我们各自的学习。在您上次找我谈话后，我就没有再和胡亮有过身体接触，也收敛了很多。刘老师，我向您保证，以后我一定认真学习，希望老师能够再相信我一次。我要改变自己，把自己的心思都放在学习上，不再想其他不该想的事情。

之后我又找胡亮谈话，问他和黄雪怎么样了。他说他们彼此说好了，为了彼此的学习和未来，两人分开了。我便趁机跟他说："你要是真心喜欢黄雪，就要努力学习，她如此优秀，将来肯定是要去读重点高中、读名牌大学的。她在不断努力，而你却一直停滞不前，到时候你自己都会觉得配不上她的。"孩子还是很单纯的，就这样，我圆满解决了这两个孩子的"早恋"问题。

初二的孩子正处于青春期。在此期间，孩子的异性交往心理发展一般会经历四个阶段：排斥异性阶段、异性相吸阶段、异性眷恋阶段、择偶阶段。孩子的"早恋"总会引起父母的过度焦虑，父母应对孩子"早恋"的错误方式导致父母与孩子尖锐的矛盾，也导致孩子的"爱情"发展进程受挫。如果孩子在异性相吸阶段没有获得更多的机会参与群体活动，在群体交往中寻求自己喜欢的异性类型，孩子就会直接进入下一个发展阶段——异性眷恋阶段。父母总是担心孩子与异性接触，于是尽可能阻止孩子参加有异性的群体活动。因为与群体接触的愿望无法得到满足，于是孩子就直接一对一地发展与异性的关系了。这也是目前孩子过早进入一对一的异性关系的重要原因之一。

并非每个孩子都会在固定的年龄进入各个发展阶段，但是孩子的异性心理发展都要经历这样的过程：排斥异性—在群体中找到自己喜爱的异性类型—期望与自己喜欢的某个异性深入交流—具备选择自己伴侣的能力。大自然安排好了人类在繁衍活动之前获得美满情感的程序，个体在具备选择自己伴侣的能力之前，需要进行经营情感的"练习"，而青春期早期的"爱情"正是这样的"练习"机会。因此，教师和家长要做的并不是简单的阻碍和禁止，而是正确的引导，即引导孩子们不要过早地从异性相吸阶段进入异性眷恋阶段。

黄雪和胡亮的事情能够让他们在自我反省的结果中告一段落，取决于教师和家长的共同努力。孩子的家长没有一味地批评和阻止，而是主动向教师反映了情况，这样才使教师能够明智地处理此事。初中阶段的孩子是单纯可爱的，对于他们对美好爱情的期待和向往，家长和教师要肯定，但要给予正确引导，这样孩子才能够更加健康、快乐地成长。他们长大之后，这些经历也将成为他们人生中最美好的回忆。

根植于爱的转化

长沙县泉塘中学　柯兰香

教育是根植于爱的。

——鲁迅

爱是教育的源泉，教师的爱心是良好教育的动力，教师对学生的爱与尊重是学生健康成长与和谐发展的必要条件。对于班上的"后进生"，教师更要动之以情、晓之以理、持之以恒、导之以行，用师爱去温暖他们、用情感去感化他们、用道理去说服他们、用时间去考验他们、用行为去引导他们。因此，作为一名班主任，必须时刻思考如何智慧地运用师爱，让学生的生命变得更加充实，同时强大内在的自己。

一、案例背景

本学期我教过一名学生，名叫××，这个学生行为表现不良，开学不到一周上课就看课外书、睡觉，有时跟同桌说话；多科作业不交；课间操跑步躲起来不去跑；课间欺负同桌，同桌的手被他掐得青一块紫一块，导致其家长来找班主任。他伤害其他同学的做法也严重违反了校规校纪，遭到了班主任、年级组和学校的批评。学习方面，他上课不认真听讲、多科作业不交，导致学习成绩落后，只有语文和政治的成绩是D，其他科目全是E。作为他的班主任，我多次找他进行教育谈话，可他依旧我行我素，知错不改。

二、事情的经过

我特地去做了一次××学生的家访，了解了他在家里的一些情况：他回到家总是先问母亲要手机玩游戏，对作业不管不顾，母亲催他做作业他当耳旁风，而且父亲常年不在家，母亲带着年幼的弟弟早出晚归进城务工，家里经常没有人管他。我了解到情况后，跟他母亲进行了沟通，希望家里能有人陪伴他，关注他的思想动态和行为表现，以及多问问他的学习情况。有一次，在月考总结会上，我通过成绩对比发现该同学有了巨大进步，成绩进步为7D1E，于是我立刻抓住这个机会在全班同学面前表扬了他。他涨红了脸，非常激动，全班同学都自发地为他鼓掌，他非常开心，但结结巴巴地也没说几个字。下课后，我当着他的面跟他母亲通了电话，将他近期在学校的表现和进步告诉了他的母亲，他开心得蹦蹦跳跳地离开了办公室。在接下来的一节课上，我又鼓励全班同学："每个人的内心都蕴藏着巨大的潜能，关键是你能否让它觉醒。班上××同学从2D6E进步到7D1E，这告诉我们，只要努力就一定能取得进步，为了我们的未来，我们没有理由不努力。"全班同学都认真地点头。同时，我针对××同学平时的不良表现教育了他，他不停地点头表示赞同，我知道我已经取得了他对我的信任，拉近了我们之间的距离，他也向我保证，以后在校会好好表现，绝不做违反校规校纪的事。这件事使得全班同学在受到教育的同时，见证了一名后进生的巨大进步。

三、个案分析

家庭管理的缺失、自身性格特点等因素导致××同学成了"后进生"。因此，我觉得很有必要进行这次家访，家访加强了学校与家庭的配合，从而实现了对该同学和全班同学的引导。我对他加以帮助，以正面积极的力量去减少其消极、不良的行为，用温暖的师爱和家庭的管理促使他发生转变，积极寻找努力的方向。在这些不良表现的背后，必有其家庭原因，所以我从家访入手，顺藤摸瓜，取得了其母亲的配合，加强了对他的教育和管理，也让他感受到了家庭和学校的温暖，从而愿意心平气和地接受教育。事后，我也将该同学近期的行为表现和进步的成绩告知家长，进一步争取了家长对我工作的信任和支持，加强了对这个孩子的教育和管理。

四、案例解析

（一）信任是转变的基础

无论是哪种情况的"后进生"，教师都要相信学生的本质是好的、是善良的，这种信任是"后进生"转化的基础，是班主任和其他教师积极开展转化工作的前提，也是成功教育的条件。教师要以积极的态度面对他们，不抛弃、不放弃，虽然过程曲折、时间漫长，但是有了这种信任，就有了坚持的动力和积极的期待。事实证明，教师如果能发现学生的长处，及时给予鼓励和表扬，增强学生的自我肯定，就一定能增强他们的自信心。

（二）家校配合是关键

通过家访，我了解了××学生的家庭情况：由于家长疏于管理，该学生思想散漫，任性妄为。通过与家长联系，相互交流他在校和在家的表现，我和家长达成共识，齐抓共管，相互协调配合，既肯定了他的进步之处，也交换了需要继续督促的事项，所以他后来的表现好了很多：作业开始写了，课堂违纪现象也减少了，学习习惯好一些了，学习兴趣有了一定的提高。

（三）发扬积极因素是秘诀

对"后进生"的转化是一个持久的过程，我们要给予他们充分的时间和耐心的等待，充分利用他们不断发展的自身因素来克服消极不利的因素。对于"后进生"，我们要抓住他们成长阶段中的闪光点，加强其情感体验和道德养成，增强其自信心，并最终促进其发展。